AF453817

LE QUADRILLE DES ENFANS,

OU SYSTÉME NOUVEAU DE LECTURE.

Avec lequel tout enfant de quatre à cinq ans peut, par le moyen de quatre vingt-huit figures, être mis en état de lire sans faute à l'ouverture de toutes sortes de livres en trois ou quatre mois, & même beaucoup plutôt, selon les dispositions de l'enfant.

CINQUIEME ÉDITION,

YVERDON.

M. DCC. LXXIX.

INSTRUCTION

*Sur la façon de se servir des fiches & du Livre
du Quadrille des Enfans.*

1°. ON commencera par choisir les 20 fiches
de la premiere Planche pour les mettre dans une
petite boëte séparée qui restera entre les mains
de l'Enfant, & les autres fiches de couleur différente seront renfermées jusqu'au tems où on in-
diquera qu'il faudra s'en servir.

2°. On apprendra à l'Enfant à connoître les
objets qui sont collés sur les fiches dont le nom
de chacun se trouve énoncé dans ce Livre aux
pages 13, 15, 17 & 43. On ne lui parlera point
des lettres qui sont au revers, mais seulement
des figures, en s'y prenant de la sorte. Par exemple, supposé qu'on lui montre la fiche qui repré-
sente un *bec* d'oiseau, au lieu de lui dire un
bec d'oiseau (ce qui paroît très-naturel) on se
contentera seulement de lui dire un *bec*. Si pa-
reillement on lui présente la figure de la *Lune*,
on lui fera articuler sans aucune autre explication la *Lune*, ainsi des autres fiches qu'on peut
lui faire connoître dans l'ordre que l'on voudra,
c'est-à-dire, en commençant indifféremment par
les unes ou par les autres, observant toujours

que ce n'eſt pas ici le moment de ſe répandre dans de grandes digreſſions.

3°. A meſure que l'Enfant en connoîtra quelques-unes, on aura grand ſoin de les lui donner en lui diſant qu'il les a gagnées ; de même qu'on aura attention de garder celles dont il ne ſe ſouviendra pas, afin de piquer ſon émulation en lui faiſant déſirer de les gagner ; & à meſure qu'i en ſaura, on les lui laiſſera en ſa poſſeſſion, & même toutes, s'il les gagne, afin qu'il puiſſe lui-même les répéter par forme d'amuſement & aſſez de fois pendant quelques jours pour ſe rendre tous ces objets familiers.

4°. Sil arrivoit par haſard que l'Enfant eût de la peine à articuler quelques noms de ces figures faute d'avoir la prononciation libre, comme cela peut arriver dans un âge tendre, il ne faudroit pas manquer de les lui faire couper par ſyllabes, en lui faiſant dire *de la Sa-la-de*, *la Lune*, &c. & par ce moyen on parviendroit en peu de tems à rectifier le défaut de ſes organes, avant que de lui faire prononcer le mot de ſuite, comme *de la ſalade*, *la Lune*, &c.

5°. En ſuppoſant maintenant que l'Enfant a beaucoup répété ſes fiches, on les lui ôte pour lui faire prendre le Livre, & à la page 13, où eſt la Planche de la *lune*, on lui fait faire un petit eſſai de jugement & de mémoire tout enſemble en s'y prenant de la ſorte. D'abord on lui fera voir la premiere ligne de la Planche où ſont les figures de la *Lune*, d'un *lit*, de la *ſalade*, d'un *Boſſu* & d'une *femme*, & lorſqu'on les lui aura fait répéter dans le livre cinq à six fois de suite & dans le même ordre qu'elles y sont placées, on fermera le Livre & on exigera que l'Enfant les dise par cœur dans l'ordre du Livre & sans y rien changer. Pour que cette répétition lui coûte moins de peine, on lui laissera le tems de réfléchir, afin qu'il puisse se les représenter à l'imagination, comme nous ferions nous-mêmes, s'il étoit question de rendre compte par ordre d'une douzaine de figures que nous aurions vues dans un tableau qui ne seroit resté exposé à notre vue qu'un seul instant. Alors aurions-nous recours à notre mémoire ? non ; mais à notre imagination où seroient restés gravés l'ordre & la forme de ces différens objets. Lorsque l'Enfant saura les cinq premieres figures, on passera à la ligne suivante, en se conduisant comme on a fait pour la premiere que l'on aura soin de lui faire répéter, malgré l'étude de la seconde. Enfin on ira de la seconde à la troisieme, & finalement de la troisieme à la quatrieme, toujours avec ménagement & sans trop de précipitation, de peur que ses idées ne viennent à se confondre, ce qui ne manqueroit pas d'arriver, si on ne donnoit pas le tems à l'Enfant d'affermir ses idées.

6°. Cela fait, on passera aux lettres & aux sons ou syllabes qui sont de l'autre côté de la page, lesquelles commencent par, *une*, *i*, *ad*, *u*, *emme*, &c. & répondent aux figures, & pour lors on fera faire à l'Enfant une petite opération qui paroîtra des plus singulieres ; mais dans laquelle pourtant il faudra fe donner de garde de jamais rien changer : la voici :

En lui montrant *une* on lui fera dire *la Lune* ; en lui faifant voir *i*, on lui fera appeller cette lettre *un lit* ; *a* fe nommera *des bas* ; la lettre *u*, *un Boffu* ; & finalement *emme une femme*. De forte qu'il paroît abfurde que l'on foit obligé de tromper ainfi l'Enfant : n'importe ; que l'on foit toujours exact à fuivre ce qui eft prefcrit ici, & l'on en verra bientôt l'utilité (*).

7°. En fuppofant que l'Enfant eft en état de nommer toutes les figures de la premiere Planche à l'infpection feule des lettres, fons ou fyllabes qui y ont rapport, on entreprendra de lui en faire retenir le fon de l'Écho. Par exemple, on lui fera dire la *lune une*, un *lit i*, de la *falade ad*, un *boffu u*, une *femme emme*, &c. Quand il fera familier avec les fons, on lui fera dire tout bas le mot *lune* & tout haut *une*, un *lit* tout bas & *i* tout haut, & ainfi de même tout le refte de la page jufqu'à ce qu'il foit en état de les nommer promptement de fuite, à rebours, de haut en bas & en tous fens ; ce qui demande des répétitions de plufieurs jours. Si dans l'inter-

---

(*) *Nota.* Il y a à la quatrieme ligne de la premiere Planche une lettre que l'on nomme vulgairement *é* & que nous appelons *e*. Elle exige une attention particuliere par rapport à fa difficulté. Ainfi en montrant à l'Enfant la figure *de la roue*, on prendra garde qu'il ne dife pas comme dans les autres mots une *roue oue*, mais bien une *rou-e*, de forte que cette lettre n'a que la valeur d'un fon muet comme dans les mots, *prin-ce*, *mou-che*, &c.

valle de cet exercice il arrivoit par hafard que l'Enfant héfitât fur quelques lettres, quelques fons ou fyllabes, on fe gardera bien de jamais lui nommer les lettres qui entrent dans la compofition de ces fyllabes, quand même on les nommeroit felon notre dénomination, & à plus forte raifon fi on le faifoit en fe fervant des noms ordinaires de l'ancien Alphabet ; mais on le rappellera tout fimplement à la figure qui y aura rapport en lui difant tout uniment, *penfez à la figure*, & pour cela on lui laiffera toujours le tems de la réflexion ; car un des grands avantages de cette méthode eft d'en donner beaucoup fans contraindre l'Enfant. On ne dit rien du ridicule de l'ancienne dénomination des lettres que l'on ne fauroit plus fupporter, dès qu'on a une fois connoiffance de la nouvelle qui fe rapproche autant de la raifon que l'autre s'en écarte. C'eft pourquoi il faut éviter très-foigneufement de ne jamais mêler les deux dénominations enfemble, fans quoi il n'y a point de progrès affurés.

8°. On répete encore ce qu'on a déjà recommandé plufieurs fois, favoir, de ne point faire paffer un Enfant d'un objet à un autre, c'eft-à-dire, d'une leçon à une autre, à moins que l'Écolier ne poffede parfaitement les précédentes, & que l'on ne puiffe dire qu'il fe joue en la répétant.

9°. On ne paffera donc point aux figures de la feconde Planche que l'Enfant ne fache reconnoître au premier coup d'œil les lettres ou fons qui répondent aux figures de cette premiere Planche ; & pour être bien sûr qu'il n'en ignore point, on prendra toutes les fiches qui y répondent, afin de les lui préfenter l'une après l'autre du côté des caracteres. Peut-être aura-t-il d'abord un peu de peine à ne s'y pas tromper ; mais en s'y prenant bien, on veut dire, en ne lui en montrant que 4 à 5 à la fois, on doit être affuré qu'il ne lui faudra pas plus d'une ou deux leçons pour vaincre toutes difficultés à cet égard. Pour lors on fera le maître d'entreprendre la feconde Planche, en faifant exactement pour celle-ci tout ce qu'on aura fait pour la premiere.

10°. Tandis qu'on paffera quelques leçons à la répétition des 40 fiches, on l'occupera en même-tems à apprendre la troifieme Planche des figures qui commence par une *cave*, une *porte*, &c. & toujours en fuivant le même ordre que l'on aura obfervé dans l'étendue des précédentes, cependant en faifant dire à l'Enfant non pas une *cave ave*, une *porte orte* comme on a fait dans les deux premieres Planches, mais au contraire la derniere fyllabe entiere, comme une ca-*ve*, une por-*te*, une bou-*le*, &c. ; c'eft-à-dire que l'Enfant dira tout bas *une ca* & *ve* tout haut, *une por* tout bas & *te* tout haut, ainfi des autres.

11°. En fuppofant qu'à force de répétitions en tous fens, c'eft-à-dire, en conduifant l'Enfant de haut en bas, de droite à gauche, & de gauche à droite, tant fur les confonnes que fur les voyelles, & sons composés qui se trouvent depuis le commencement du livre jusqu'à la page 19, où est la Table des syllabes, l'Enfant prononce sur le champ & sans hésiter tout ce qu'on lui demandera indistinctement sur les trois Planches, alors on entreprendra la Table des syllabes commençant par *chune*, *chi*, *cha*, &c. & pour y bien réussir, on s'y prendra de la sorte. D'abord on cachera à l'enfant le *ch* avec le bout d'une fiche pour qu'il ne puisse plus voir que *une*; on en fera de même pour *i*, *a*, &c. lorsqu'on sera sûr que l'Enfant reconnoît parfaitement tous les sons & toutes les lettres du premier article de cette Table, alors on essayera de les lui faire encore répéter sans les cacher avec la fiche, après quoi on le fera syllaber, en observant de point en point tout ce qu'on vient de dire. On appaisera la voix en prononçant la syllabe sur le *ch*, surtout avant que de la joindre au son suivant, de telle sorte que la voix fasse l'effet de l'espace qui est entre ces deux lignes *ch* ═══ *chune* que l'on voit diminuer petit-à-petit; ainsi le son initial *ch* sera d'abord rendu d'une façon assez forte, & à mesure qu'on le joindra à la voyelle nasale *une*, il sera affoibli, c'est-à-dire, adouci. Après ce premier article on passera au second qui commence par la consonne *v* & de celui-là on ira aux autres, toujours avec prudence & ménagement.

12°. Après que l'Enfant aura parcouru la Table des syllabes un nombre de fois suffisant pour qu'il puisse la lire tantôt dans un endroit, tantôt dans un autre, alors on lui fera remarquer à la page 28 les doubles confonnes, pour lui recommander de ne les prononcer que comme fi elles étoient fimples, & de là on paffera tout de fuite au changement de la premiere lettre qui coûtera un peu d'application. On ira de fuite jufqu'à la piece de lecture qui fe trouve à la page 1, que l'on ne fera point commencer que l'Enfant ne foit en état de répéter de fuite au premier coup d'œil, tout ce qu'il lui a fervi de leçon précédemment. De cette piece de lecture on paffera à la feconde qui ne différe de la premiere qu'en ce que les mots ne font point coupés par fyllabes, & les lettres, fons & fyllabes que l'on trouvera à la fin de chaque page ne feront point oubliés.

13°. Si l'Enfant dans la derniere piece de lecture où les mots font de fuite, c'eft-à-dire, fans être féparés les uns des autres, fe trouvoit quelquefois arrêté dans fa lecture, faute de favoir comment divifer fes mots par fyllabes, il faudroit l'aider avec une fiche, en ne laiffant d'abord voir qu'une fyllabe à la fois, & fur-tout lorfqu'on lui fera lire du nouveau; après quoi on peut le lâcher tout feul à la troifieme lecture de la même chofe.

14°. L'enfant ayant lu & relu plufieurs fois la piece de lecture dont nous venons de parler, il fe trouve à la quatrieme & derniere planche qui fe trouve à la page 43, fur laquelle on le conduira comme fur les précédentes, en obfervant néanmoins de confulter, pour les fons, l'explication des figures qui eft dans le livre.

A la page 48 on trouve plusieurs caracteres différens exprimant le même son à peu de chose près , comme *ai*, *est*, &c. Si l'enfant paroît surpris de voir la voyelle nasale *im* à côté d'*in*, on lui dit que c'est la même chose; & pour lui donner la facilité de le concevoir, on cache avec une fiche le troisieme jambage ou le surplus de ce qui se trouve dans le son radical. Par exemple, dans *eur* & *œur*, on cachera la lettre *o* pour ne laisser paroitre que *eur*, &c. S'il se trouve à la fin des mots certaines lettres qui ne doivent pas se prononcer comme la lettre *t* dans le mot, *prudent*, on se contente de dire à l'enfant qu'elles ne se comptent pas , & que l'on ne doit presque jamais y faire attention. A la page 50 on trouvera des consonnes composées ou dérivées des simples ; on les fera connoître par détail à l'enfant, & ensuite on lui apprendra à les nommer d'une seule voix , en lui faisant parcourir les deux ordres plusieurs fois , ainsi que les sons & syllabes qu'il faut qu'il dise aussi d'une seule voix. On passera de-là à la table des syllabes qui suit.

15°. A l'égard de tout ce qui peut faire l'objet de quelques leçons , je veux dire de tout ce que l'on rencontre jusqu'à la page 63 , on ne prescrit ici que ce que la prudence & l'expérience que l'on aura acquise par l'usage, peuvent suggérer, par conséquent on jugera du besoin de la répétition des mêmes choses par l'habileté de l'enfant.

16°. La piece de lecture qui est à la page 66 est difficile & ennuyeuse, mais aussi elle donne à ceux qui ont la constance de la suivre, une

fupériorité fans égale pour toute forte de lecture. Les uns la fuivent, & les autres la laiffent
de côté. Mais on peut affûrer, d'après l'expérience, qu'il eft très-utile de la lire toute entiere &
même plufieurs fois.

17°. A la page 80 on trouvera du caractere
italique fur lequel il faudra d'autant plus exercer
l'enfant qu'il lui procurera la facilité de lire plus
promptement dans l'écriture. On ne parle point
des différentes chofes qui fe rencontrent jufqu'à
la premiere lecture fuivie, c'eft-à-dire jufqu'au
conte ; le Maître doit fentir qu'elles ne font pas
faites pour être négligées. D'ailleurs il pourra
confulter les différents avertiffemens qui font dans
le Livre.

18°. On obfervera de ne point faire paffer les
enfans à la lecture du latin qu'ils ne lifent parfaitement dans le françois. D'ailleurs c'eft une
efpece de lecture qui ne coûtera jamais plus de
quinze jours d'application : ainfi pourquoi la
fuivre de trop bonne heure, dès qu'on eft fûr
de nuire aux progrès de l'Éleve.

DISCOURS
PRÉLIMINAIRE.

CE n'eſt point un ouvrage nouveau qu'on donne aujourd'hui au public. Ce ſyſtème de lecture parut pour la
premiere fois en 1744, avec un ſuccès prodigieux; il
s'en fit trois éditions en moins de trois ans Pour ſe former une idée de ſon utilité, il ſuffit de jetter les yeux
ſur le tome 32, lettre 459 des Obſervations ſur les Écrits
modernes, par M. l'Abbé Deſfontaines. Voici comment
s'exprime ce fameux critique, à qui il étoit ſi difficile
d'en impoſer en matiere de Science & de Littérature.

„ Je vous ai parlé dans ma lettre 461, d'une méthode
„ de M. Berthaud, pour apprendre à lire. Quoique je ne
„ déſaprouvaſſe point alors l'idée de l'Auteur, je vous
„ avouerai que j'avois bien de la peine à me perſuader que
„ le ſuccès fût auſſi rapide qu'il l'aſſûre dans ſa lettre...
„ Je ne diſſimulerai point que je conſervois encore à cet
„ égard quelque ſorte d'incrédulité. J'ai donc voulu
„ m'en convaincre par moi-même, & j'ai déterminé M.
„ B. à faire une nouvelle épreuve ſur un enfant que je lui
„ ai fait préſenter. Je vous aſſûre que j'ai choiſi le plus
„ inepte que j'ai pu rencontrer; mais je ne ſaurois vous
„ exprimer la ſurpriſe & en même-tems le plaiſir que j'ai
„ reſſenti, lorſqu'au bout de 26 jours, à compter depuis
„ celui que je le lui avois envoyé, il me l'a amené pour
„ être témoin & juge des progres qu'il avoit faits. Ils
„ m'ont paru ſi étonnans, & tellement au-deſſus de ce
„ que j'attendois, que je crois qu'il eſt de l'intérêt de
„ de la littérature de rendre ici un témoignage authenti-
„ que à la juſteſſe & à la facilité de la nouvelle méthode
„ que j'appellerois volontiers la *Pierre Philoſophale*,
„ tant je ſens aujourd'hui que cette nouvelle décou-
„ verte eſt avantageuſe au public.... Non content

„ de le (l'Enfant) voir lire à l'ouverture d'un livre que
„ j'avois sur ma table, j'ai voulu encore examiner moi-
„ même si ces figures avoient réellement servi à graver
„ dans sa mémoire les différens sons de la langue...
„ Pour le bien connoître, j'ai retourné toutes les fiches
„ (1) & n'ai laissé paroître que les syllabes. J'ai vu en
„ effet qu'à la seule inspection de chaque syllabe, il ne
„ manquoit pas, aussi-tôt après l'avoir nommée, de me
„ dire ce que représentoit la figure qui étoit cachée
„ derriere, & même de me faire sentir qu'il n'y avoit
„ que le ressouvenir de la figure qui le conduisit à la
„ connoissance du son qui y a rapport. Ce petit exerci-
„ ce enfin m'a causé presqu'autant de plaisir & d'éton-
„ nement que le premier, & de plusieurs personnes qui
„ se sont trouvées chez moi, il n'y a eu que l'Auteur
„ qui n'en a pas été surpris ; car, &c. ... je trouve (dit-
„ il plus bas) l'invention de M. B. de quelque côté que
„ je la considére, la chose la plus avantageuse que nous
„ puissions jamais souhaiter pour l'éducation de la jeu-
„ nesse, & même pour le progrès des Sciences ".

A un suffrage d'un si grand poids, nous pourrions
joindre ceux de plusieurs personnes de distinction,
dont les enfans ont appris à lire en un mois par cette
méthode, & qui en ont délivré des certificats à l'Auteur (2) ; mais nous nous contenterons de citer encore l'épreuve que l'Auteur fit de sa méthode sur
deux Ramoneurs que plusieurs des Messieurs de l'Aca-
démie Françoise, & notamment MM. de Marivaux &
de Crébillon, alors Censeur Royal & de la Police,

---

(1) Ce système de lecture n'avoit d'abord paru que sous la
forme de fiches, comme on le verra ci après, & c'est ce qui avoit
déterminé l'auteur à lui donner le nom de Quadrille des enfans.

(2) Celui de M. le Maréchal de Coigny est ci-après, avec les
noms de quelques enfans qui ont appris à lire par cette méthode. On observera encore que depuis que la pension du sieur
Berthaud existe, tous les enfans, soit françois, soit étrangers,
qui sont entrés chez lui, ne sachant pas lire, ont été montrés
toujours avec succès par cette méthode.

voulurent bien choifir eux-mêmes, pour rendre plus authentique la preuve du fuccès. „ Au bout du mois, „ dit l'Auteur en rapportant ce fait (1), à compter „ du jour qu'ils m'ont été envoyés, ils fe font trou- „ vés en état de paroître devant ces Meffieurs pour „ y lire à l'ouverture du premier livre qui eft tombé „ fous la main, moyennant deux leçons par jour, qui „ leur ont couté fi peu de tems, qu'ils ont vaqué dans „ la journée à leurs exercices ordinaires. C'eft donc „ après la plus forte conviction de la bonté de ce que „ je propofe aujourd'hui, que MM. les Académiciens „ ont bien voulu me permettre de les préfenter au pu- „ blic comme témoins oculaires d'un fait qui les a „ étonnés, & dont j'ai leur certificat".

Il nous refte à développer l'efprit & le plan de cette méthode. Pour cela nous ne pouvons rien faire de mieux que de préfenter les réflexions de l'Auteur dans la lettre déjà citée.

Outre que les élémens de la lecture, dit-il, ont par eux mêmes quelque chofe de rebutant & d'épineux pour les enfans, il eft certain que les défauts qui font les fuites naturelles de l'enfance, contribuent encore beaucoup à augmenter la difficulté que les Maîtres en ce genre ont coutume d'éprouver. Légéreté d'efprit, dégoût, confufion d'idées, voilà les principaux obfta- cles contre lefquels il faut qu'ils luttent perpétuelle- ment, & dont ils ne triomphent qu'avec bien de la peine.

Effayer de fixer la légérété fi naturelle aux enfans, en exigeant d'eux une application fréquente à des lettres, des combinaifons de lettres, des mots & des fons, c'eft affez fouvent vouloir forcer la nature; c'eft au moins prefque toujours vouloir donner avant le tems à la jeu- neffe une perfection, qui pour l'ordinaire n'eft que le fruit des années.

____

(1) Dans fa lettre à Mlle de Briffac, fur le nouveau Quadrille, imprimé en 1743, où l'Auteur avoit inféré le certificat le plus flatteur que ces deux Académiciens lui avoient donné en forme d'approbation.

Doit-on s'étonner après cela de voir ces premiers commencemens suivis d'un ennui & d'un dégoût qui leur rendent ces premiers élémens odieux, & leur inspirent une aversion pour les livres, qui malheureusement se perpétue quelquefois, & se fortifie d'autant plus aisément qu'elle a pris ses racines dans un âge susceptible de toutes sortes d'impressions ?

Et quand même d'heureuses dispositions, qu'il est très-rare de rencontrer, épargneroient à un maître éclairé le soin de prévenir ces dangers, la confusion d'idées en est un qui mérite lui seul toute son attention. Un esprit que l'on n'accoutume pas de bonne heure à mettre de l'ordre dans ses pensées, acquiert bien difficilement par la suite cette netteté & cette précision qui sont si nécessaires pour la justesse du raisonnement : qualités au contraire qu'on acquiert sans peine, quand on s'est familiarisé avec elles dès ses plus tendres années. Or le cerveau étant dans les enfans d'une consistance molle & délicate, si les images des objets qu'on leur présente s'y gravent aisément, souvent aussi elles s'y effacent de même ou en tout, ou en partie : & de-là vient que si l'on multiplie trop les objets, & si l'on ne repasse pas incessamment sur les premieres traces, ces objets se confondent & se brouillent tellement dans leur esprit, qu'après bien du tems & du travail, on est obligé de revenir sur ses pas, & de recommencer au moment où l'on devroit finir.

Ces considérations m'ont porté à chercher un moyen pour parer à tous ces inconvéniens. J'avois remarqué que les figures dont on a rempli certains livres d'histoire, contribuoient beaucoup à faciliter à la jeunesse l'étude de cette science. Ne seroit-il pas possible, me suis-je dit à moi-même, de peindre les différens sons de la langue comme l'on peint différens traits d'histoire ? Cette idée m'ayant plu d'abord, je l'ai suivie, & l'expérience que j'ai acquise sur le génie des enfans, n'a pas peu servi à la perfectionner. J'ai compris bientôt la nécessité qu'il y avoit d'avoir une connoissance détaillée de tous les sons de la langue, soit qu'ils soient

exprimés

exprimés par une ou plusieurs lettres; en un mot de tous les sons différens qui répondent aux lettres & syllabes. Je me suis donc livré à cette recherche; & après un examen méthodique & réfléchi, je me suis convaincu que le nombre en est moindre que je ne me l'étois d'abord figuré. Or ces sons ont cela de commode, que, dès qu'un enfant les possede, rien ne l'arrète dans la lecture, pas même les mots bizarres qu'on voudroit imaginer à plaisir; de sorte que l'on peut dire qu'ils sont comme la clef de toute la lecture, parce qu'ils entrent dans la composition de tous les autres sons de la langue.

Cette difficulté n'étoit pas petite; car il s'agissoit de démêler parmi une infinité de sons différens ceux qui sont fondamentaux & comme les racines des autres; mais enfin le travail & l'expérience m'ayant fait surmonter cette difficulté, il n'étoit plus question que de trouver un moyen sûr & aisé de graver tous ces sons dans la mémoire des enfans d'une maniere nette & distincte. C'est ce que j'ai heureusement exécuté par le moyen de 88 images où j'ai fait choix d'objets connus & familiers aux enfans. Ces images sensibles, en frappant leur vue, les occupent, fixent leur imagination volage, les appliquent sans peine, & sans qu'ils s'en apperçoivent eux-mêmes : & en même-tems les sons qui répondent à ces figures, s'impriment nettement & distinctement dans leur mémoire, sans qu'il leur en coute; de sorte qu'il arrive par un effet assez singulier, que leur penchant naturel pour la dissipation & pour les amusemens, les porte & les accoutume à à une application sérieuse, & à une étude utile. De-là naît un autre avantage; c'est que les enfans apprennent aisément par ce moyen l'orthographe, parce que les sons & les lettres qui les expriment, se gravent en même-tems dans leur mémoire, comme dans autant de cases ou de petites cellules.

L'Auteur, dans les commencemens, pour l'exécution de son système de lecture, n'avoit fait usage que de fiches de différentes couleurs sur lesquelles étoient collés d'un côté la figure, & de l'autre le son

qui y a rapport; mais dans la fuite, voulant rendre
fon fyftême utile, & même aux perfonnes les moins
aifées, il le publia fous la forme d'un livre d'un prix
médiocre qui développât les principes de fa méthode,
& qui fuppléât en quelque forte aux fiches que bien
des gens ne font pas en état d'acheter. Je dis *en quelque forte* ; car, comme l'obferve l'auteur lui-même
dans l'avertiffement de l'édition de 1748, en publiant
fon livre Élémentaire, il n'a pas prétendu fupprimer
l'ufage des fiches qui font auffi inftructives entre les
mains d'un maître, plus amufantes & plus commodes
que les planches qui font dans ce livre. Au contraire
il exhorte très-fort ceux qui voudront faire inftruire
leurs enfans felon fa méthode, à acheter, s'ils peuvent faire cette petite dépenfe, & les fiches & le livre. Le livre eft plus pour le maître, les fiches plus
pour l'enfant; elles deviennent entre fes mains des
joujoux inftructifs qui l'attachent plus que des images
immobiles & fixes dans un livre : il les range felon
leur couleur dont la variété l'amufe ; il affigne à cha-
cune fa place ; il l'appelle par fon nom. Le loup, le
chien, le mouton deviennent fes camerades de jeu ;
il converfe avec eux, tous ces perfonnages lui répondent à leur tour; ils l'inftruifent fans qu'il s'en dou-
te, & fa légéreté n'eft point effarouchée par la gra-
vité de ces petits Docteurs. Car, pour parler naturellement, la méthode des fiches a cela de particulier,
que par fon moyen, l'enfant peut repaffer lui-même,
en l'abfence du maître, & fans le fecours de perfonne, la leçon qu'on lui aura faite. En effet, fi en par-
courant les fiches qu'on lui aura données, il ne fe
reffouvient plus des fons qu'on lui aura appris, les
figures qui font de l'autre côté fuffiront pour lui en
rappeller le fouvenir.

On doit, avant de finir, faire aux public quelques
excufes d'avoir tant différé la réimpreffion d'un livre
qu'il defiroit depuis fi long tems. L'Auteur, depuis
plufieurs années, par des circonftances auxquelles il
n'avoit pas été le maître de réfifter, avoit été obligé
d'ouvrir fa maifon à des jeunes gens qui defiroient de

se former tant pour le Génie que pour l'Artillerie. Les progrès étonnans (1) que firent ses élèves dans les sciences nécessaires pour être reçus dans ces Corps, attirerent chez lui une si grande quantité de jeunes gens, que sa Pension n'a été regardée pendant quelque-tems que comme une école de Mathématiques, exclusivement à toute autre partie. Le sieur B. peu curieux d'une réputation exclusive, & jaloux de mériter la confiance du public dans toutes les parties qui constituent l'éducation d'un jeune homme bien né, se hâta d'annoncer que sa maison étoit divisée en deux parties qui n'avoient absolument rien de commun entr'elles : que dans l'une on étudioit seulement les Mathématiques & le Dessein, & que dans l'autre on étudioit toutes les Sciences qui entrent dans une éducation complette, telles que le François, le Latin, les Belles-Lettres, l'Histoire, la Géographie, l'Écriture, la Danse, l'Escrime, &c. ; qu'enfin toutes ces Sciences étoient cultivées chez lui avec le plus grand succès, sur-tout depuis qu'il avoit associé son gendre, à ses travaux. Dès que le sieur B. se fut ainsi annoncé dans le public, plusieurs personnes de distinction, revenues de l'erreur où elles étoient qu'il ne recevoit plus d'Éléves d'un âge tendre, connoissant d'ailleurs ses talens pour l'éducation de la jeunesse, se hâterent de lui confier leurs jeunes enfans : c'est alors que le sieur B. moins surchargé par le nombre de ses grands éléves Mathématiciens, s'occupa sérieusement à donner pour l'instruction de ces petits éléves, comme il l'avoit annoncé dans son Prospectus, une nouvelle édition de sa méthode, à laquelle ses nombreuses & continuelles occupations ne lui avoient pas permis jusqu'alors de travailler. Il y fit plusieurs changemens, la rendit

---

(1) En moins de neuf ans, la pension du sieur Berthaud a formé plus de 250 éléves aux écoles du génie & de l'artillerie. Au dernier examen du génie, sur onze places qu'il y avoit à remplir, huit ont été adjugées aux éléves du sieur Berthaud.

plus aifée, plus intéreffante pour les enfans; & il étoit
prêt à y mettre la derniere main, lorfque la mort ter-
mina fon utile & pénible carriere. Sa famille a raffem-
blé & mis en ordre les matériaux qu'il avoit amaffés,
& profitant des lumieres qu'elle avoit reçues de lui à
cet égard, elle remplit aujourd'hui les engagemens
qu'il avoit contractés avec le public.

Certificat de M. le Maréchal de Coigny qui se trouve à la suite de la Lettre à Mlle de Brilhac.

J'ATTESTE & certifie qu'ayant mis mon Fils avant l'âge de quatre ans accompli à la Méthode de M. Berthaud, j'ai eu la satisfaction de le voir commencer à lire au bout d'un mois, & quinze jours après, être en état de lire fort joliment dans différens livres, sans que pendant ce tems-là il ait eu le moindre dégoût & le moindre ennui. A Paris ce 16 Novembre 1745.

Signé, NEVET DE COÏGNY.
Et plus bas LA MARÉCHALLE DE COIGNY.

N. B. Après avoir rapporté ce Certificat, l'Auteur donne, de la maniere qui suit, les Noms & la demeure de quelques enfans, qu'il range selon la date du tems où on lui a demandé des Maîtres pour eux.

NOMS ET DEMEURES

de quelques Enfans qui ont appris à lire par cette méthode, dont plusieurs ont lu à l'ouverture de toutes sortes de livres en moins de six semaines.

M. le Comte de Nevet, fils de M. le Comte de Coigny, à l'Hôtel Mazarin.

M. de Brilhac, fils de M. le Comte de Brilhac, à l'entrée de la rue d'Enfer.

M. de Beukley, fils de M. de Beukley, Lieutenant-Général, rue du Cherche-Midi.

Mlle. de Baye, fille de M. de Baye de Pléneuf, derriere les Mousquetaires.

Mlle de Beaupréau, fille de M. le Marquis de Sépeau de Beaupréau, Brigadier des Armées du Roi, rue S. Louis au Marais.

M. Hocquart, fils de M. Hocquart, Trésorier de l'Artillerie, rue du Gros-Chenet.

Mlles de Lowendal, filles de M. le Maréchal de Lowendal, rue S. Maur près des Incurables.

Mlle de Marville, fille de M. Fedeau de Marville, premier Préfident du Grand Confeil.

M. l'Avocat, fils de M. l'Avocat, Maître des Comptes, rue de Seine.

Mlle de la Courteaugé, fille de M. de la Courteaugé, Receveur Général des Finances, place des Victoires.

Mlle de Rohan, fille de M. le Duc de Rohan, fur le Quay des Théatins.

M. de Fitz-James, fils de M. le Duc de Fitz-James, à l'Hôtel de Barwich près les Incurables.

Mlle de Clermont Tonnere, fille de M. le Comte de Clermont Tonnere, au Couvent.

M. le Comte d'Alègre, fils de M. le Marquis d'Alègre, rue des Saints-Peres.

Frederic-Guillaume, fils du Prince Royal de Pruſſe.

APPROBATION.

J'Ai examiné l'ouvrage intitulé *Le Quadrille des Enfans*, &c. & je ne ſaurois qu'en approuver l'impreſſion. A Yverdon le 10 Septembre 1779.

E. BERTRAND
Cenſeur.

ren.

pre.

tes,

gé,
res.
r le

, à

de

re,

In.
ef.

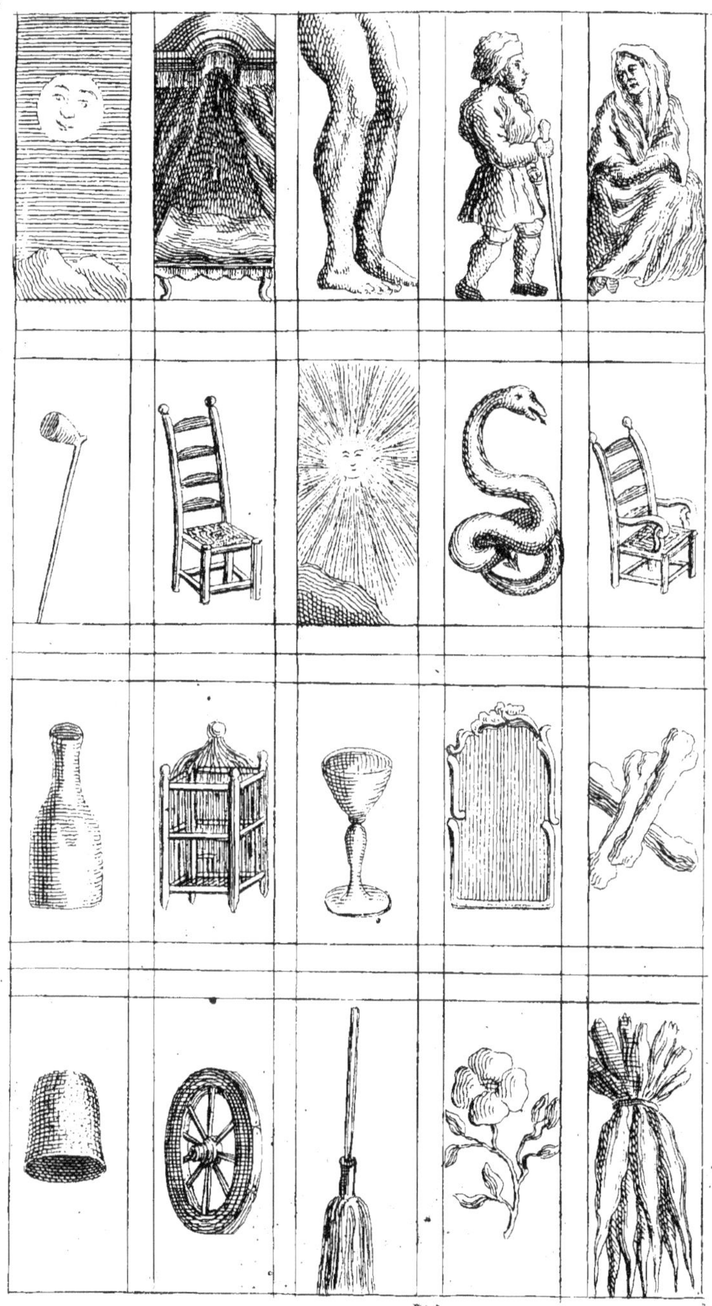

EXPLICATION DES FIGURES DE LA PREMIERE PLANCHE.

la lune . . . . . une	une pipe . . . . . ip	une carafe . . . af	un dez . . . . é
un lit i	une chaise . . . aise	une cage . . . . age	une roue . . . . . e
des bas . . . . . a	le soleil . . . . eil	un verre . . . . . er	un balai . . . . . ai
un bossu . . . . u	un serpent . . . en	une glace . . . ace	une fleur . . . eur
une femm . . emme	un fauteuil . . euil	des os . . . . . . o	des raves . . . av

Sons finals qui répondent aux fig. de la Iere. Planche.

une	i	a	u	emme
ip	aise	eil	en	euil
af	age	er	ace	)
é	e	ai	eur	av

Premiere répétition des sons précédents.

i	u	ip	eil	euil
age	ace	é	ai	av
une	a	emme	aise	en
af	er	o	e	eur

A

Seconde répétition.

av	eur	ai	e	é
o	ace	u	age	af
euil	en	eil	aife	ip
emme	a	er	i	une

Troifieme répétition.

é	af	ip	une	e
age	aife	i	ai	er
eil	a	eur	ace	en
u	av	o	euil	emme

η,

é
af
ip
ıne

e
er
en
mn

EXPLICATION DES FIGURES DE LA
SECONDE PLANCHE.

un raisin . . . . . in	un poing . . . . oin	un mouton . , . on	une bague . . . ag
une robe . . . . ob	des yeux . . . yeu	une abeffe . . . ef	un bec . . . . . ec
de la falade . . ad	un loup . . . . ou	une chienne . enne	un étui . , . . . ui
de la dentelle . . el	un ruban . . . an	des cheveux . . eu	un chien . . . . ien
des noix . . . . oi	un fouet . . . ouet	une fourchette . ette	un . . . . un

Sons finals qui répondent aux fig. de la IIe. Pl.

in ob ad el oi

oin yeu ou an ouet

on ef enne eu ette

ag ec ui ien un

Premiere répétition des fons précédents.

ag ui un ec ien ef eu on enne ette

oin ou ouet yeu an ob el in ad oi

Seconde répétition.

ien ette an oi ec enne yeu ad un on

ouet in ui en ou el ag ef oin ob

Troisieme répétition.

el   ui   oin   eu   un   ob   ou   on   ec   el

ouet   enne   ien   in   yeu   ette   ad   an   oi   ag.

Sons des premiere & seconde Pl. mêlés ensemble,
Premiere répétition.

an   in   i   ob   a   ad   u   el   emme   oi

ip   oin   aife   en   eil   on   yeu   an   e   ouet

af   ou   age   ef   er   enne   ace   eu   o   ette

é   ag   euil   ec   ai   ui   eur   ien   ay   une.

Seconde répétition.

é   ai   ip   une   ag   on   oin   in   el   age

aife   i   ec   e   en   ob   ai   er   eil   a

ui   enne   ou   ad   eur   ace   yeu   u   ien   eu

an   euil   ay   o   el   emme   un   ette   ouet   oi

l.

el

ag.

le,

oi

)uet

ette

ine.

age

a

eu

oi

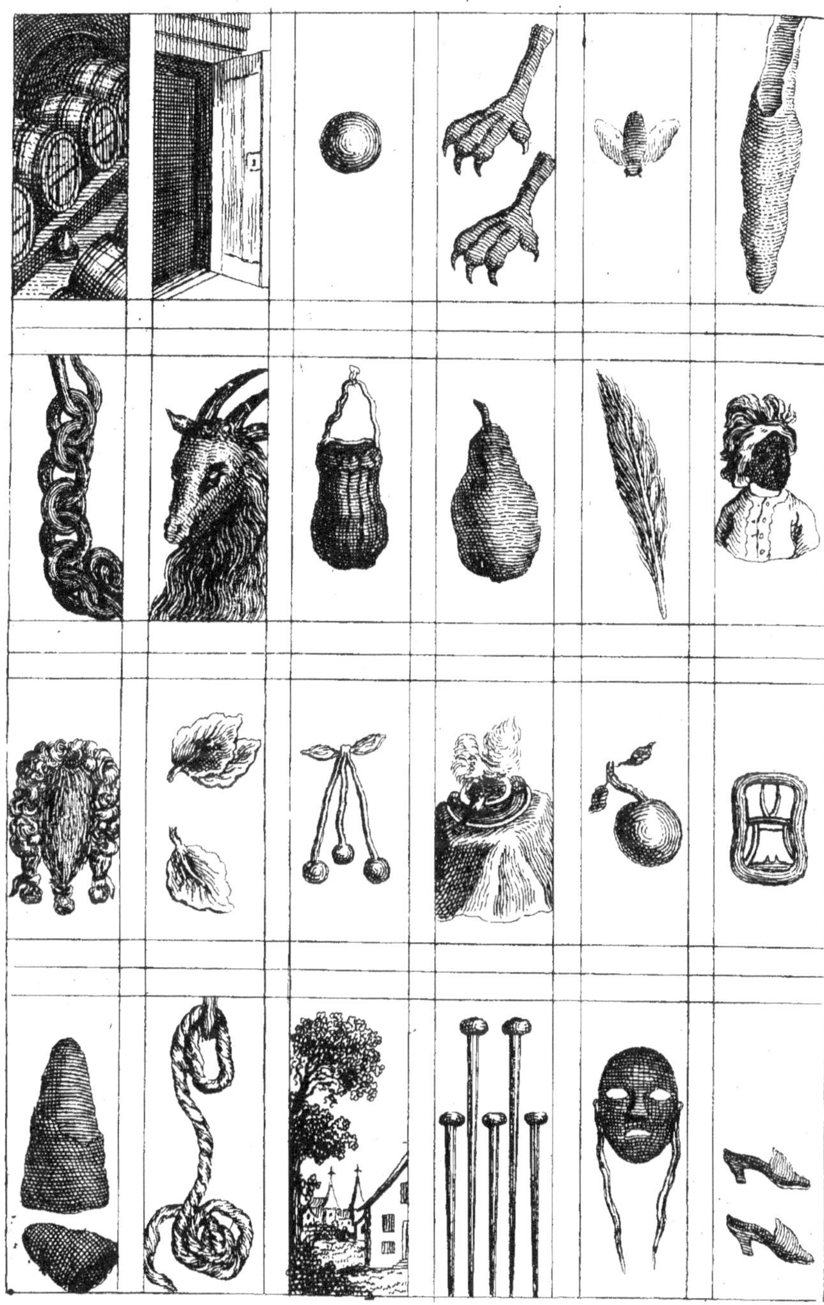

EXPLICATION DES FIGURES DE LA
TROISIEME PLANCHE.

une crue	v	une chaîne	n	une perruque	qu	de Pierre	cr
une patte	t	une barbe	b	des feuilles	ill	une corde	d
une boule	l	une bourse	f	des cerises	z	une campagne	gn
des griffes	f	une poire	r	de la soupe	r	des épingles	gl
une mouche	ch	une plume	m	une orange	j	un maçon	squ
une langue	gu	un nègre	gr	une boucle	cl	des pantoufles	fl

Consonnes qui répondent aux fig. de la IIIe. Pl.

v	t	l	f	ch	gu
n	b	f	r	m	gr
qu	ill	z	p	j	cl
cr	d	gu	gl	squ	fl

Premiere répétition des consonnes précédentes.

v	n	qu	cr	t	b
ill	d	l	f	z	gu
f	r	p	gl	ch	m
j	squ	gu	gr	cl	fl

 Consonnes qui répondent aux fig. de la IIIe. Pl.
Seconde répétition.

gu	gr	ill	fl	ch	m
j	ſqu	f	r	p	gl
l	ſ	z	gn	t	b
cl	d	v	n	qu	cr

Troiſieme répétition.

ſqu	gn	cr	j	z	qu
m	ſ	n	ch	l	v
fl	gl	d	cl	p	ill
gr	r	b	gu	f	t

Sons des trois premieres Planches mélés ensemble.

oi eu a fl age ouet ien m eil ef

gn ette u er b in f cl yeu ai

oin ch un ace z ob t on emme gr

eur gl en ag cl f ad e cr une

gu o ou p ec l ip qu av ſqu

enne r i af d euil n an j ui

aiſe v é ill

TABLE

De Syllabes,

Où se trouvent répétés tous les sons des trois premieres Planches.

ch   che   CH

chune chi cha chu chemme chip chaise

cheil chen cheuil chaf chage cher

chace cho ché che chai cheur chav chin

chob chad chel choi choin chyeu chou

chan chouet chon chef chenne cheu

chette chag chec chui chien chun.

v   W   ve   V

vune vi va vu vemme vip vaise veil

ven veuil vaf vage ver vace vo vé

ve vai veur vav vin vob vad vel voi

voin vyeu vou van vouet von vel

venne veu vette vag vec vui vien

vun.

A 4

t   tt   te   T

tune ti ta tu temme tip taiſe teil ten

teuil taf tage ter tace to té te tai

teur tav tin tob tad tel toi toin tyeu

tou tan touet ton teſ tenne teu tette

tag tec tui tien tun.

l   ll   le   L

lune li la lu lemme lip laiſe leil len

leuil laf lage ler lace lo lé le lai

leur lav lin lob lad lel loi loin lyeu

lou lan louet lon leſ lenne leu lette

lag lc lui lien lun.

f   ff   fe   F

fun f fi fa femme fip faiſe feil fen

feuil faf fage fer face fo fé fe fai

feur fav fin fob fad fel foi foin fyeu

fou fan fouet fon feſ fenne feu fette

fag fec fui fien fun.

ſ

gu   gue   **GU**

ten   guune gui gua guu guemme guip guaiſe

tai   gueil guen gueuil guaf guage guer

tyeu   guace guo gué gue guai gueur guav

:ette   guin guob guad guel guoi guoin guyeu

guou guan guouct guon gueſ guenne

gueu guette guag guec guui guien guun.

L

n   nn   ne   **N**

len   nune ni na nu nemme nip naiſe neil

lai   nen neuil naf nage ner nace no né

yeu   ne nai neur nav nin nob nad nel noi

ette   noin nyeu nou nan nouct non neſ

nenne neu nette nag nec nui nien nun.

ſ

b   bb   be   **B**

fen   bune bi ba bu bemme bip baiſe beil

fai   ben beuil baf bage ber bace bo bé be

reu   bai beur bav bin bob bad bel boi

tte   boin byeu bou ban bouet bon beſ

benne beu bette bag bec bui bien bun.

ſ   ſſ   ſe   S

ſune ſi ſa ſu ſemme ſip ſaiſe ſeil ſen
ſeuil ſaf ſage ſer ſace ſo ſé ſe ſai
ſeur ſav ſin ſob ſad ſel ſoi ſoin ſyeu
ſou ſan ſouet ſon* ſeſ ſenne ſeu ſette
ſag ſec ſui ſien ſun.

r   rr   re   R

rune ri ra ru remme rip raiſe reil ren
reuil raf rage rer race ro ré re rai
reur rav rin rob rad rel roi roin ryeu
rou ran rouet ron reſ renne reu rette
rag rec rui rien run.

m   mm   me   M

mune mi ma mu memme mip maiſe
meil men meuil maf mage mer mace
mo mé me mai meur mav min mob
mad mel moi moin myeu mou man

mouet mon meſ menne meu mette mag

mec mui mien mun.

    gr   gre   GR

grune gri gra gru gremme grip graiſe

greil gren greuil graf grage grer grace

gro gré gre grai greur grav grin grob

grad grel groi groin gryeu grou gran

grouet gron gref grenne greu grette

grag grec grui grien grun.

    qu   que   QU

quune qui qua quu quemme quip quaiſe

queil quen queuil quaf quage quer

quace quo qué que quai queur quav

quin quob quad quel quoi quoin quyeu

quou quan quouet quon queſ quenne

queu quette quag quec quui quien

quun.

ill   ille   ILL

illune iili illa illu illemme illip illaife
illeil illen illeuil illaf illage iller illace
illo illé ille illai illeur illav illin illob
illad illel illoi illoin illyeu illou illan
illouet illon illef illenne illeu illette
illag illec illui illien illun.

z   ze   Z

zune zi za zu zemme zip zaife zeil
zen zeuil zaf zage zer zace zo zé
ze zai zour zav zin zob zad zel zoi
zoin zyeu zou zan zouet zon zef
zenne zeu zette zag zec zui zien zun.

p   pp   pe   P

pune pi pa pu pemme pip paife peil
pen peuil paf page per pace po pé
pe pai peur pav piu pob pad pel poi
poin pyeu pou pan pouet pon pef
penne peu pette pag pec pui pien pun.

LL   j   je   ge   **J**   **GE**

illaife   june ji ja ju jemme jip jaife jeil jen
illace   jeuil jaf jage jer jace jo jé je jai jeur
illob   jav jin job jad jel joi join jyeu jou jan
illan   jouet jon jef jenne jeu jette jag jec
lette   jui jien jun.

     cl   cle   **CL**

Z

zeil   clune cli cla clu clemme clip claife
zé   cleil clen cleuil claf clage cler clace
zoi   clo clé cle clai cleur clav clin clob
   clad clel cloi cloin clyeu clou clan
zef   clouet clon clef clenne cleu clette
   clag clec clui clien clun.

un.

     cr   cre   **CR**

eil   crune cri cra cru cremme crip craife
   creil cren creuil craf crage crer crace
pé   cro cré cre crai creur crav crin crob
   crad crel croi croin cryeu crou cran
oi   crouet cron cref crenne creu crette
   crag crec crui crien crun.

ef

n.

d   dd   de   D

dunc   di   da   du   demme   dip   daife   deil
den   deuil   daf   dage   der   dace   do   dé
de   dai   deur   dav   din   dob   dad   del
doi   doin   dyeu   dou   dan   douet   don
def   denne   deu   dette   dag   dec   dui   dien
dun.

gn   gne   GN

gnune   gni   gna   gnu   gnemme   gnip
gnaife   gneil   gnen   gneuil   gnaf   gnage
gner   gnace   gno   gné   gne   gnai   gneur
gnav   gnin   gnob   gnad   gnel   gnoi   gnoin
gnyeu   gnou   gnan   gnouet   gnon   gnef
gnenne   gneu   guette   gnag   gnec   gnui
gnien   gnun.

gl   gle   GL

glune   gli   gla   glu   glemme   glip   glaife
gleil   glen   gleuil   glaf   glage   gler   glace
glo   glé   gle   glai   gleur   glav   glin   glob

D

dall

dé

del

don

lien

I

nip

age

eur

oin

nic

nef

lui

ife

ce

b

glad glel gloi gloin glyeu glou glan

glouet glon glef glenne gleu glette

glag glec glui glien glun.

ſqu   ſque   SQU

ſquune ſqui ſqua ſquu ſquemme ſquip

ſquaiſe ſqueil ſquen ſqueuil ſquaf

ſquage ſquer ſquace ſquo ſqué ſque

ſquai ſqueur ſquav ſquin ſquob ſquad

ſquel ſquoi ſquoin ſquyeu ſquou ſquan

ſquouet ſquon ſquef ſquenne ſqueu

ſquette ſquag ſquec ſquui ſquien ſquun.

fl   fle   FL

flune fli fla flu flemme flip flaiſe fleil

flen fleuil flaf flage fler flace flo flé

fle flai fleur flav flin flob flad flel

floi floin flyeu flou flan flouet flon

flef flenne fleu flette flag flec flui flien

flun,

Répétition des Consonnes.

ch　m　b　p　ill　f　j　n　cr　qu　gu　gl

gr　ſqu　l　v　z　ſ　fl　gn　r　d　t　cl.

Seconde Répétition.

m　p　f　n　qu　v　fl　ſ　d　cl　gl　ch

b　ill　j　cr　l　ſqu　z　gn　r　t　gr　gu.

Doubles Conſonnes.

mm　bb　pp　ff　nn　ll　w　ffl　ſſ　rr　dd　tt.

Changement des premieres Lettres.

va　ta　fa　ra　pa　na　ma　la　ja　fa　da　ba

chi　pi　vi　mi　ji　di　zi　ri　ni　li　bi　ti

tu　ru　nu　lu　fu　bu　vu　fu　pu　mu　ju　du

vo　no　ro　jo　bo　to　po　lo　do　fo　mo　fo

dé　lé　pé　té　bé　fé　mé　ré　vé　né　jé　fé.

Autre changement plus compoſé.

cra　fla　illa　qua　gna　cla　cha　gla　ſqua　gra

flé　qué　clé　illé　ché　cré　gné　gré　glé　ſqué

gli　qui　fli　ſqui　gri　chi　cli　gni　illi　cri

gno

gno flo cro illo quo clo cho glo gro ſquo

gl

gru glu flu gnu cru quu illu ſquu chu

cl. clu.

ch

chui nui bui ſui rui mui tui pui

taiſe paiſe baiſe daiſe flaiſe maiſe craiſe

gnou tou vou lou fou chou nou bou

tt

men den ten ven pen jen cren clen

neil beil ſeil reil meil deil zeil queil

ba

mer quer iller ſer per jer crer cler

ti

flace dace gnace tace vace lace face chace

du

nette bette ſette rette mette quette illette

fo

vage lage fage chage nage bage ſage

chien nien bien ſien rien mien tien

vec pec jec flec dec clec gnec zec

gra

meur queur illeur zeur peur jeur teur

que

noi boi ſoi roi moi quoi toi poi choi

cri

chan nan ban ſan ran man pan tan.

no

B

Changement des premieres & secondes Lettres.

fo mi vé ra ju fa to pi bu la fé

da né fi mo va ru fa zi jé fo lé

tu pé ba no dé fa mé vi ro ji vu

mu li té fu pa bi nu do fé ma lo

vo ré jo fi ta po bé lu na di je

Autre changement plus composé.

tef vob lel fui chaife nou ber feu

remme men quoin illon zeil pip jag

crer clace flette daf gnage touet vai

lien fenne chad noi bav fin reur mune

quan illec zun pef job crel crui flaife

dou gran teu reuil len foin chon neil

mace quette veur lune fan tin ler face

mien iller don bage fouet gneil jeu

clen guer peur tou deu.

LECTURE

De mots coupés par Syllabes.

chan fon   fa ché   cha leur   é chec
man chette   bou che   bou chon   chi
fon   en chaî ner   pé cheur   chaife   choquer   chan te ra   cha grin   chu cho-
ter   é chan fon   fi chu   cha ri té
chien   cha que   chi fon   ba zo che   chapon   per cher.

van ter   na vette   un   pa vé   a vi ron
du bon   vin   vo lon té   fa veur   a vec
vi nai gre   va ni té   a vou er   voi tu-
rer   veu vage   ré veil   ri vage   graver   va leur   vé ri té   je   vo lai   vapeur   une   vi gnette.

---

une ip aife i eil a en emme euil n

v n t b l f f r ch m gu gr.

toi lette une to ta li té ten ter touche ra é toi le pi tui te tien tin-
te ra é tu di er crou ton in venter men teur té moi gnage poin tu
une tan te pa ter nel té moin tigre tu lipe ver tu é tui mou ton.

li mon de la lai ne lon gueur mou-
lin lan ter ne fo leil fa lade la lune
bou le i ta lien bien loin l'ef pa-
gne a lou ette lou cher vo lage len-
teur rou lette bi lan li ber té loi
lu nette lon gueur lu mi gnon a li-
gner.

femme en fin fon deur re bu fade
face fin étou fer du foin fouet fa-
vo ri fi gue feu fi dé li té en fer fer-

---

af é ag e er ai ace eur o av
qu cr ill d z gn p gl j fqu cl fl.

veur   fef ton   fer ti li té   en fan ter
ren fer mé   bou fette   fa ti gue ra.
ni cher bo nace à la nage ve nin de-
vi né mi nette ju non fé ré nade le
ve neur   nu age né ron nu di té na-
tu rel na vi guer in fi ni no va teur
no ti fi er pa nade fe nou ri ra fe pa-
na cher.

bai guer   du bien   ru ban   bu veur
bou lo gne   bu che ron   ro bin berner   bon té   bel grade   bi che bou-
ti que   bu cher   un ba lai   un bec
be dai ne   bu veur   ban dage   ba ta iller
ba guette bu tin   ba di nage   bai gneur
ber lin.

---

in oin on ag ob yeu ef ec ad ou
fqu n p gn ch ill cr l gr j v r.
enne ui el an eu ien ouet oi ette un
z fl b qu m d f gl gn f cl t.

son   sou te nu   sien fer mon   su cré
se lon   fer vi teur   le   sien   si gner
so nette   sa lon   sage   sa la ma lec   du
sel   sai gner   san gler   san té   sé ré-
ni té   fer vi tu de   sou per   sa pin   ser-
pette

race   robe   do reur   rouet   en rage   tirade   rien   la bou reur   ti rage   roi
rou ler   rec teur   ré fu ter   ri meur   ramage   rui ner   ri va li té   ro quette   robin.

moi   mu tin   a mer   mi ra cle   i mage
che min   cla meur   le   mien   man chon
bien   ai mé   mo di que   mon ta gne   maigreur   mou che   ma tin   ma sque   ma-
ri age   man quer   a lu mette   po made.

un   ip al é   in   oin   ou   ag   i aise
age euil ob en ef er enne ec ai a.

quo ti dien   quan ti té   mo queur   qua-
li té   quel que   quoi   man qué   quai
mo quette   quel   qu'une   qu'on   cliquette   é qui page   quin ze   qui no la.
bou illon   mou illette   mou iller   bouilli   pa ille   cha tou illai   ba illage   dé-
pou illé   feu ille   ba ta illon   que nouillette.

peu   je   fou pai   pipe   é cha pé   pa-
na che   une   page   pa ver   la pin   ef-
pace   pu an teur   po che   poin te   po-
li ti que   po pu lace   pou mon   po tage
pou lette   pu deur   pen ser   cha lou pe
pan ta lon.

jon cher   le   jeu   join tu re   jeû ner
jo li   jouet   a jou ter   ma jeur   j'é pou-

---

eil   ad   on   ui   u   yeu   ace   eur   el   an
eu   ien   emme   e   o   av   oi   ouet   ette   une.

van te j'i mi te ju pi ter la joie j'enrage jan vi er job jou teur ju ri di-
que ju pon ju rer bi jou en jo liver.

cla meur un clo cher je bou clai
cla quer la bou cle se clou er clairon cli gno ter une cla vette clan-
des tin.

cru di té cro quer du crin cri mi-
nel é cran cre ver sa cré je su crai
crou te cré du li té cra cher cré a-
tu re cri ti que crou pe une cruche.

dé bi teur en du rer le ven deur dou-

---

cf an age enne u eu er ad ob emme
cr l m qu z fi r ci n f gl gu.
ace oi a yeu ette av el en af in
f gn b d j ch v ill t p squ gr.

leur dai gner une dette un din don

dan feur di gni té di ner di rec teur

dé mon do rade dé fi ler dé clin def-

po ti que dé voi ler da van tage dé gré.

fla teur fou flet pan tou fle fleu ve

une fleur ron fler en flé flui de flan-

quer je fou flai la flo te.

gue nipe le gué ri don guette gue-

non gué une gueu le un gui don

la guin guette gui gnon guin dage

gui gne gui per bé gui nage.

gran deur gri mace gro gner une

gri ve grace grouin gro gneur gra-

ba tai re fe gron der un gri gnon

é oin ag eur ui o une en i cuil

fqu gn gr f b p d t j ill ch v.

ouet aife eil ai ec ou ip un e ien

gl m gu l f cr n qu cl z r fl.

gra vu re   gre nade   grou iller   gra tin

gri gno ter   gra vi té.

glace   gloi re   glou ton   un   gla neur

bi gler   gla di a teur   le   glo ri fi er   gla-

nage.

PIÈCE DE LECTURE

*Composée des mots précédens sans être coupés
par Syllabes.*

chanfon   vanter   toilette   femme   nicher
baigner   guenipe   fon   race   moi   quotidien
bouillon   peu   joncher   clameur   grimace
crudité   débiteur   flateur   foufflet   endurer
croquer   clocher   gloire   le   jeu   je   foupai
mouillette   quantité   mutin   robe   foutenu
grandeur   du   bien   bonace   enfin   de   la
laine   totalité   navette   fâché   mouton   cha-

une   ip   aife   i   eil   a   en   emme   euil   u

v   n   t   b   l   f   f   r   ch   m   gu   gr.

leur un pavé tenter longueur fondeur
à la nage bilan ruban sien doreur amer
moqueur mouiller pipe le guéridon join-
ture je bouclai du crin vendeur pan-
toufle fleuve chagrin douleur criminel
claquer guignon jeuner échapé bouilli
glace bigler qualité miracle rouet fer-
mon buveur venin rebufade bijou mou-
lin touchera aviron échec manchette
du bon vin grace étoile lanterne face
deviné boulogne sucré enrage feuille
image quelque paille panache joli boucle écran bataillon daigner une fleur
ronfier une dette crever clouer guenon
jouet une page chatouillai quoi chemin
tirade chaloupe felon bucheron minette

---

af é age e er ai ace cur o av
qu cr ill d z gn p gl j fqu cl fl.

fin ſoleil pituite volonté glouton bouche faveur bouchon gueule tien ſalade
étoufer guette junon robin le ſien rien
clameur manqué baillage bazoche gla-
diateur paver ajouter ſacré un dindon
enflé danſeur grogner fluide je ſucrai
majeur lapin dépouillé le mien batailler
laboureur ſigner grouin berner ſérénade
du ſoin la lune béguinage tintera avec
chifon vinaigre enchaîner étudier une
grive boule fouet veneur bonté ſonette
tirage manchon gué quai eſpace j'épou-
vante croute dignité flanquer un gla-
neur je ſouflai dîner crédulité j'imite
puanteur clairon grogneur quelqu'une
bien aimé roi ſalon nuage berlin enjo-
liver favori italien crouton vanité pé-
cheur avouer faveur ſerviteur chaiſe

inventer bien loin figue nuage biche
un guidon rouet ſage rouler modique
qu'on poche jupiter crache quinze un
grignon directeur flote démon créature
la joie gravure pointe cliquette monta-
gne recteur ſalamalec boutique que-
nouillette néron feu l'eſpagne menteur
voiturer choquer deſpotique veuvage
chantera témoignage alouette fidélité
grouiller nudité bucher du ſel réfu-
ter maigreur politique glaner j'enrage
critique dorade croupe défiler janvier belgrade populace mouche rimeur
ſaigner un balai naturel quinola enfer
loucher pointu réveil chuchoter rivage
guindage ſerpette échanſon une tante
volage ferveur naviguer un bec pan-
talon ſangler ramage matin poumon

job cruche déclin aligner jouteur dé-
gré potage mariage ruiner fanté mafque guiper bedaine infini feston len-
teur paternel graver étui fichu valeur
charité témoin roulette fertilité clavette
novateur gratin buveur férénité riva-
lité manquer poulette équipage juridi-
que pudeur jupon alumette roquette
fervitude dévoiler bandage notifier gra-
vité enfanter liberté tigre vérité chien
percher je volai chaque tulipe loi ren-
fermé guigne panade davantage ba-
guette fouper robin pomade panfer
jurer fapin vignette badinage fe nou-
rira boufette longueur vertu grignoter
chifon vapeur lunette fatiguera fe pa-
nacher baigneur chapon clignoter lu-
mignon la guinguette grabataire gla-
nage gronder grenade fe glorifier.

dé
ma
len
leu
ett
iva
ida
ett
gra
ier
en
ba
fer
u
er
a
u
a

Z

cu

go

gui

ftic

pt

coe

ex

gi

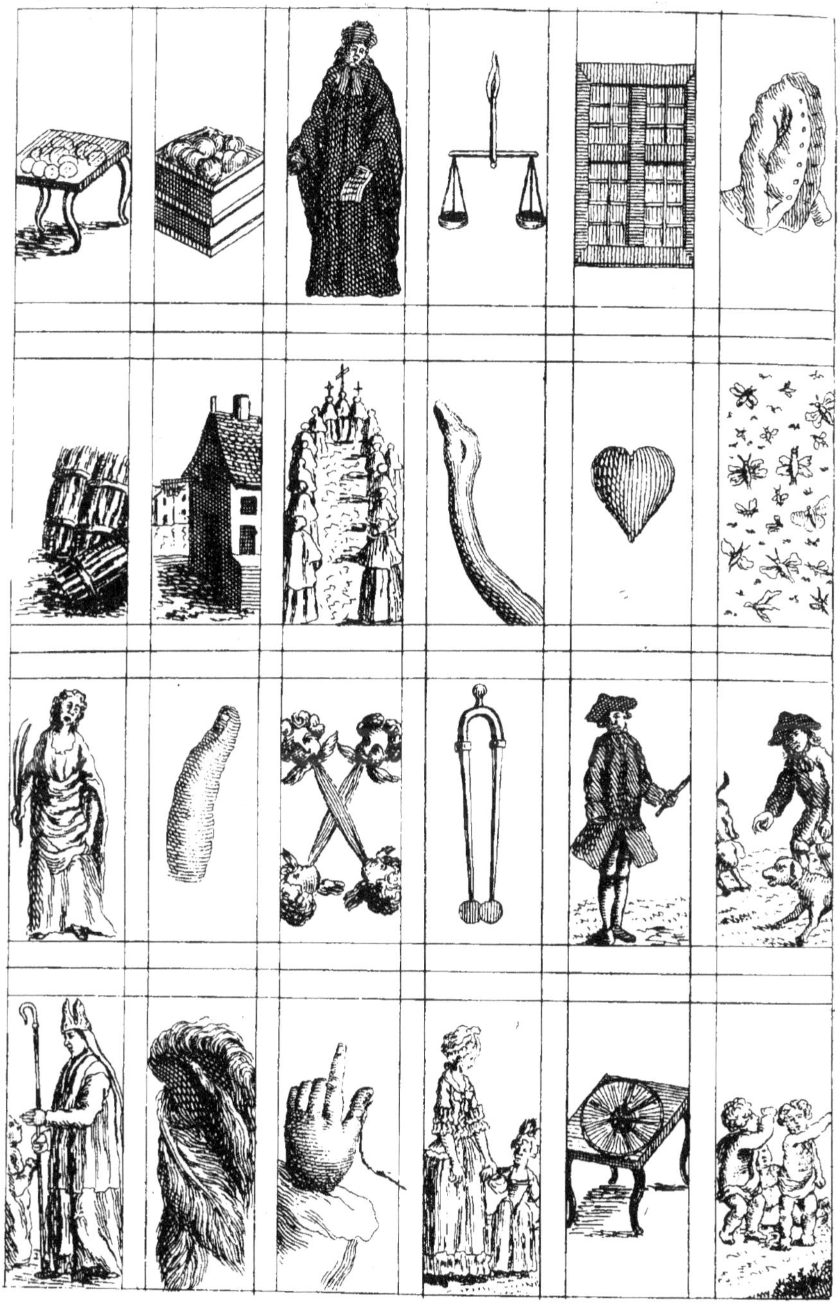

EXPLICATION DES FIGURES DE LA QUATRIEME PLANCHE.

des écus..... cu	des fagots.... go	une figure... gur	la bénédiction. ction
des abricots... co	un logis..... gi	un doigt... doit	des plumets.. mes
un avocat.... ca	une procession. tion	le vent.... vent	l'index...... ex
une balance... ce	un cou..... cou	des pincettes.. sept	une gouvernante gou
un chassis.... ci	un cœur... cœur		un gateau.... ga
une veste.... ft	des insectes... cc	un exempt.. exem	des petits enfans. pt

un homme qui excite des chiens, en leur disant xe xe. x

Syllabes qui répondent aux fig. de la IVe. Pl.

cu	co	ca	ce	ci	ft
go	gi	tion	cou	cœur	ct
gur	doit	vent	sept	exem	x
ction	mes	ex	gou	ga	pt

Répétition des sons précédens.
Premier Ordre.

pt	x	ct	ft	ga	exem
cœur	ci	gou	sept	cou	ce
ex	vent	tion	ca	mes	doit
gi	co	ction	gur	go	cu.

Second Ordre.

cu	doit	ce	exem	go	mes
cou	ga	gur	ca	fept	ft
ction	tion	gou	ct	co	vent
ci	x	gi	ex	cœur	pt.

Troifieme Ordre

pt	vent	ft	mes	cœur	co
fept	go	ex	ct	ca	exem
gi	gou	gur	ce	x	tion
ga	doit	ci	ction	cou	cu

Répétition des mêmes fons avec leurs compofés.

mes	fes	des	les	tes	ces	
cu	cur	cun	cul	cune	cui	cuir
co	cor	col	con	com	coi	
ca	car	cal	can	cail	cam	cai
ce	cen	cer	ceu	ceffe	cé	cette	celle
ci	cin	cim	cir	cil	cien	cienne	cieu
go	gor	goi	gon	goir	gou	gom	gour	goût

gi

gi gin gir gieu gil gien gienne git

ge gen gem geffe geur gé ger gelle

tion tience tia tial ptial ption ptien ffion

cœur chœur cœurs chœurs

gur gure gul gule gune gui

doit boit foit voit croit reçoit

vent ment dent fent lent rend tend

fept cet cette cettes

exem exemp exer exo exhor exi exhi exil

ction xion ctions xions

ex ax ix ox ux

cou coût coup cour cours court

ga gar gail gan gal gui gam.

Syllabes de la quatrieme Planche mêlées avec leurs compofés.

Premier Ordre.

ses cur cor car cen cin gor gin tience

chœur gure boit ment exemp xion ax

ft cour go gar x ge gour cou ga ex

ction ex em fept vent doit gur cœur

tion gi pt ci ce ca co cu mes gen

coût ix ctions exer cette dent foit gul

cœurs tia gir goi cir cer ger col cun

des ct gail ox xions exo cettes fent

voit gule chœurs tial court gieu gon

cim ceu cal con cul les gan exhor lent

croit gune ptial gil goir cil ceffe can

cune tes gui goût gal exi rend reçoit

ption gien gé gou cien cé cail com

cui ces gai exhi tend ptien gienne gom

cienne cette cam cours cuir gam exil

gelle fîion git geffe cieu celle cai coi

geur gem coup.

vee

gure ge chœur tience gin gor cin cen

ence

car cor fes cur goît rime cu co pt ca

ax

gi ce tion cœur ci x gar coi go coup

ex

ft ax xion exemp ment boit vent celle

cœu

doit gur fept exem ction ex ga court

ger

coût tia gen cœurs gul foit dent cette

gu

exer ctions ix gail ct ox des cun col

cur

cir cer gir gieu goi tial gé chœurs gule

fen

voit fent cettes xions geffe croit exo

goi

ger lent exhor gan cul cal les ceu con

len

cim geur gon gem gui tes gune cune

car

ptial cou gil can goir ceffe cil cail exi

eçoi

gal cé rend cien reçoit gou gien ption

com

cours cienne com gom cui gienne ces

goi

ptien gai tend exhi gelle git gour cette

coi

ffion cam exil cour gam cuir coi cieu.

Sons dans lesquels il y a peu de choses à retrancher ou à ajouter, & qui répondent aux sons Radicaux exprimés par les figures des deux premières Planches, quoique l'orthographe en soit différente.

Son radical.	Son ressemblant.	Son radical.	Son ressemblant.
oi	oy	an	am
é	eh ez &	en	em
i	y	eil	eille œil
o	au eau	on	om
ien	yen	euil	euille
in	im aim ain ein	eur	œur œurs
el	elle	er	erre
un	um	ai	{ eft oi é è ë ay et ei
ef	effe		{ ois oit oient.
eu	œu		

Répétition des mêmes sons.
Premier Ordre.

oy eh y eau ois yen é ain elle um oî

effe ei en œil ou am et euille ë œur

è erre ell au im ay ein oit ez oient

& œu œurs eille.

Second Ordre.

em ein ei ay effe im oî au um eft elle
erre ain è œur ê yen ë euille au oi
eille œurs et eau & y am oient ch om
ez oy œil oit aim.

Les mêmes sons mêlés avec leurs Radicaux.

Premier Ordre.

ez oi om eh oy œil é oit i am oient
y o et & eau ien ois euille œu in ë
yen œurs el ê aim un ê ef œur eu
eille an erre ain en elle um œil eft on
oî au effe im euil ei eur em ein ay er ai.

Second Ordre.

er ain euille en ai erre ois ay ien an
ein eau eille em eu & eur et o euil
ei aim y ef oient im ê am un effe i
œur au oit é ê œil el oî oy œurs on
eh eft om yen eil ez ë oi œu elle in um.

Conſonnes compoſées ou dérivées des ſimples.

Conſonnes ſimples.	Conſonnes comp.	Conſonnes ſimples.	Conſonnes comp.
ſ	ff ph	p-t	pt
ſ-ſ	ff ſph	p-ſ	pſ
ſ-m	ſm	cr	chr
ſ-b	ſb	ſchr	ſchr
ſ-ch	ſch	b-r	br
t-r	tr thr	b-l	bl
ſ-t	ſt	d-r	dr
ſ-t-r	ſtr	v-r	vr
p-r	pr	f-r	fr flr phr
ſ-p-r	ſpr	j	ge
p-l	pl	qu	k
ſ-p-l	ſpl	ſ	s Çç ſç ſſ

Répétition des mêmes conſonnes.

Premier Ordre.

C' k ge phr vr dr bl br ſchr pſ chr pt
pl pr ſſ ſpl ge tr ſt ſb ſm ſtr ſph ffr
s ç ſſ ſç pl thr ch cr fr flr ff

Second Ordre.

fcr chr phr ge fpr k fpl C' ft vr fb dr
fm bl ftr ff br fph fchr ffr pf ç chr ff
ff pr tr pl fr ph fç s pt cr.

Confonnes doubles mêlées avec les fimples.

Premier Ordre.

pr ff pl chr pt pf v fchr t br dr bl vr
l phr ge k fpl f C' cr ch tr gu fr ph
n qu ff b bb ill fç ç ffr d fph f z ftr
fm gn gl p fb r m ft x thr d fqu pt
fpr fl mm s gr j cl ff fcr.

Second Ordre.

pt d fpl ffr k fqu d ç ge thr fç phr
x ill l bb ft vr b m ff bl r dr fb qu
br p ph n fchr gl t gn fr v fm j d gu
ff pt fcr gr mm ftr tr ch chr fl z pl
cr f fpr C' f s fph pr ff pf

*Sons & Syllabes qu'il faut que l'enfant dise d'une
finie voix & sans se tromper.*

ob

ob ab eb ib ub arbe erbe orbe urbe albe
elbe ulbe aube oube ambe imbe ombe
ourbe.

el

el al ol il ul oule oile aule eule uile
arle erle orle urle elle alle ille olle ulle.

age

age ege ige oge uge ange inge onge eige
arge erge orge urge ouge auge.

ad

ad ed id od ud ande inde onde ende oude
aide aude oide ourde arde erde orde urde.

ef

ef af if of uf arfe orfe erfe urfe ourfe
effe ife affe uffe offe ouffe oiffe auffe uiffe.

ip

ip op ep ap up arpe erpe irpe orpe urpe
oupe aupe oipe alpe elpe ilpe olpe ulpe
êpe.

ec

ec ac ic oc uc ec oc ic ac uc
ic ec uc ac oc ec uc ic ac oc.

av

av ev iv ov uv anve inve enve arve erve
orve urve alve ilve ulve êve euve auve
oive ouve uive.

une

une ane ine one ene erne erne orne urne
oine eune aune eine uine.

ette

ette atte itte otte utte ate ete ite ote ute
ête arte erte irte orte urte eurte aute eute
oite einte oute aite uite ante inte onte ente
ointe.

ex ax ix ox ux anx oux aux ex ux ix.

emme

emme imme omme amme alme elme ilme
olme ulme arme erme irme orme aime aume
uime ame ime eme ome ume ême éme.

af

af ef if of uf aff off iff uff eff arf erf orf
inf onf enf auf euf oif ouf uif affr effr
iffr offr ouffr auffr anfre infr afl ifl afl
ufl onfl enfl oufl anfl.

ag

ag eg ig og ug aug ag ig ug eg og ig.

enne

enne anne onne inne ene ine one ane êne.

ace

ace ice ace oce uce arce erce orce urce
ource auce ouce ance ince ence ence
alce elce olce ilce ulce.

aife

aife afe efe ife ofe ufe aufe eufe oife oufe
uife anfe éfe onfe eufe.

er

er ar ir or ur our oir eur air œur ir
œur ur oir ar or our er ir our air.

eil

eil ail ouil euil eille ouille aille euille.

SONS OU LETTRES

Brèves.

i *bref.*

ien ieufe yen ieu io ié ia ion ial iez iace
iuf iad ier iaf iuf iour iar iol iet ior ial
iois iette ionne ian iance iage ioit iap
iance ieille ioient iel iaffe ielle ieffe iere
ionne ianne iaife iau iou.

é *bref.*

éeffe éa éon éal éor éan énge éé éir
éance éer éo éel éu éi éhen éhé

ou *bref.*

ouet oui ouir ouan ouange ouer ouez
ouon oueur ouai ouin ouelle ouaffe ouette
oua oué ouoit oueffe oueu ouab ouoient
oueufe ouage ouane ouar ouaille ouhai.

u *bref.*

ui uin uir ué uer uon uau uai uel ua uet
uage ueu uoit uelle ueufe uaffe uoient
uence ueur uete uil uif uiv uez uau uad uar.

y *bref.*

yeu yen yé ya yal yon yer yaffe yeur
yar yau yai yenne yan yage yoit yez
yeul yeufe yoient yoi yance.

a *bref.*

aon aa aé aïr aor aan aï aü aïn ao
aïeul ayon aab aad aac aïf aal aïl aül
aam aaf ayan.

o *bref.*

oin oel oab oad oaf oeg oïl oar oé oa

oï oü oon oan oail oyen oct oyenne

oë oal oail oag ooz oyelle ohor.

SYLLABES

*Compofées des Confonnes & des fons les plus diffi-
ciles, afin d'accoutumer les Enfans à lire toutes
fortes de mots.*

guez ctam xaille brê dref ffrois quoir

jai deu phloi blouil flim fteuil fchem

fcroî vœur chyen rouille fy quau pteft

troient glelle chram troeu fray drail

illau clon guè glaim flloy cleffe fcheur

---

elle im au ez ci ay œur ois elle

oit œil en cur œu oî ef eh

r ch v tr qu f pt Chr gl dr fr

tr gn fpr cl fm ill bl fp pl.

ſbien   grei   phou   tin   phrair   prë   ſim

croit   zour   fen   blez   pleuille   çê   ſplein

ſphoi   nai   lyen   beau   Ky   C'œil   ptau

ſai   ſtoy   ſquelle   pfain   vrei   ftrin   moî

peil   fioit   thrim   plan   blom   ſpois   finel

ſprau   guez.

teille   phun   greſt   felle   preſſe   phroient

fez   crem   zoit   çum   fiaille   nê   ſphef

ſplois   Koir   bai   plez   leu   foi   ptouil

C'im   pfoî   ſquem   fœur   myen   ftrouille

vry   thrau   floient   peile   clam   fleſt   clœu

ſchay   fbail   xau   cton   què   ffraim   droy

breſſe   dien   jeur   quei   ftou   blin   phlair

---

eſt   cil   y   &   ien   eſt   cm   ê   erre

un   oî   cau   our   eſſe   am   euil   aille   ein

ill   gl   v   phl   br   gl   tr   ſt   f   qu   ff

gu   ſch   p   ſt   l   fl   phr   pl   vr   C'.

fcrai fchim ftoit rour chë vez treuille quê

fein ptoi chrai glyen êtreau fry trœil clai

gnau illoy blelle plain fprei fmin fpoî

illoit gleil vim phlam brom glois trel

fau fteille quun gueft fchelle peffe lez

ftoient flem phroit plum vrez C'ailie

fplê zef grois fmoi clai chreu choî

blim drouil ffem freuil quoî fchœur fby

jyen êtouille flau fquoient belie plam

preft blœu ftray ptail fphau cron phê

fpraim gnoy pteffe reur flien ffrei clou

êtrin trair fcre dim xoit throur pfen

kez çeuille mê foi nein fai tyen feau

fpy illoit klon.

---

eille in yen oit oy elle im ez eh

au ei im ai aim oient ouil um ein

fpl z gr sm cl Chr bl ch dr ffl

fr qu sch j êt fb fl fqu b pl.

guœil jau ſerai phroy plelle kain tei

brin bloî reil zoit ſphim ſan quois

ſchom trel flau beille pſun phleſt xeſ

chelle pteſſe ſoient mem ſplez ſtoit

quum ctrez laille ſquê ptois throir vai

chreu gnoi fouil ſtrin fouil frem cloî

ſtœur flyen glouille phy chu ſproient

vrelle blam treſt flœu pay fbail illau

ſmon glè ſchaim groy neſſe drien plei

creur flou ctin dair prë fim ſpoit çen

ffrour guœil.

ſpez clê pteuille plein ſtroi ſai ſcheau

flyen pſy ctrœil lllau mai bloy gnelle

ſmain threi fbin cloî treil poit glim

---

ez oir ai im oient elle am ail erre

em au eſt eſſe ei ain om oit eh

pr bl flr pt ſph cr ph ſpr gn

r fl ffr cl ctr tr ſcr d x thr k.

fran

fran squom kois illel sprau Chreille run
vreft ptelle neffe troient quez scram
ftoit bez çum glaille ché flef fpoir fai
fcheu doi fouil lim pleuil som voi blœur
ffryen fplouille cry toient ftau jelle xam
bleft prœu phlay drail zau phon flei
étaim què broy greffe gueur phrien fpez
étrœil.

phou brin guei prair quë crim phloit
plour ften fphez veuille bê fein ptoi
glay fquyen treau ftry illai flœil glau
blain fpoy sbelle grei xin phroi deil
zoit ffrim flan fplom fcrois lel flau C'eft
reille trun ftelle vreffe ptoient étrez

---

ei im oî in ë yen oit y & oient i é
eft o ay ez au ê oi è ai oy ien ois
ft sch fcr v ch r f qu tr gl ff
gu ét x br dr ffr qu j d phl k.

D

pem gnoit ſprau plum clê ſchois ſpreſ
ctoir tai dreu ſoi jouil fim bleuil çoî
ſchem nœur chy kyen plouille chry
ſau quoient frelle mam cleſt thrœu flay
ſmail phou klin.

phloi deu jai quoir ffrois dreſ brê ctum
xaille guez rouille chyen vœur ſcroî
ſchem ſteuil fim blouil ſy quau glelle
troient Chram pteſt trœu ctrail glaim
fray gnè ffloy cleffe ſcheur ſbien grei
pleuille phou crin phrai blez fen zour
broit fim ſtoy fai çê ſplein ſphoi naî
lyen C'œil ptau ſquelle pſain vrei.

---

i è in é oî oi & ei au oient im ê
oit ien ay y ois ez ë oy eſt yen ai o
t ph gr s pr phr f cr z ç k
p fl thr pl ſp bl ſpr br ſm gr.

EXEMPLES

Des lettres apoſtrophées qui ſe rencontrent dans la lecture.

s'admire   l'autre   m'eſt   j'eſpere   n'avancez

t'affronte   quoiqu'on   d'autre   c'eſt   s'il   m'y

l'eſprit   j'aſpire   n'importe   l'eſtime   n'êtes

juſqu'où   d'hiſtoire   C'a   s'augmente   m'avez

l'ornement   j'aime   quoiqu'il   s'excite   s'eſt

d'eſprit   c'étoit   l'effet   m'importe   j'endors

n'irrite   t'interroge   quelqu'une   d'ordinaire

s'obtient   l'admiration   m'augmente   j'irai

n'obtienne   t'achever   qu'attendez   d'outrage

s'efforce   l'amitié   m'outrage   j'efface   n'avoit

t'attache   qu'obtient   d'habitude   s'abſtient

c'eſt   l'univers   m'avance   j'apporte.

EXEMPLES

Des sons composés de la lettre h *qui se prononcent comme s'il n'y en avoit point.*

heureux   habit   hardiment   hautain   herbe
hémétique   hardiesse   histoire   humide   habitude   hauteur   hérisson   herbage   heureusement   hyver   historien   homme   heurter
hoirie   horloge   humble   hochet   houlette
hospitalité   horreur   humain   humblement
huilé   houpe   haine   humeur   hypocrite
hanche   honteux.

EXEMPLES

Sur la lettre s *finale ou pluriel qui ne se prononce que dans les monosyllabes, c'est-à-dire, dans les petits mots composés de trois lettres, comme* mes, ces, des, les, tes, ses, *au lieu que dans les suivants elle ne se prononce pas.*

branches   cordages   basses   blondes   bourses
carmes   fautes   graces   meules   pommes

portes routes grandes poules hommes princes courses goutes rides larmes larges cartes sommes places dindes danses mes palmes modes ses glandes flames nouvelles des vépres vestes les verbes offices merles tes novices visites ces huîtres belles.

E X E M P L E S

Des terminaisons des Verbes en ent, *qui ne se prononcent que comme s'il n'y avoit qu'un* e *muet.*

craignent mouillent mouflent riment montent étouffent manquent rompent ouvrent retournent philosophent aspirent trouvent brulent mouchent étranglent domptent cabrent contemplent montrent tremblent sacrent souflent cadrent bouclent conspirent destinent.

EXEMPLES

Des sons qu'il faut partager en lisant certains mots.

tomberoit feroit accorderons animosité fera venoient continuité ferons cabinet promenés terminer féminin ferez capitaine chargera apprenons humanité bonifier casseriez trouvera origine commune inclination amener criminelle latinité rangera travaillé inopiné origine venoit univers feriez avenir prenez fera parvenu universel devinions ferai inclination.

LECTURE

Dans laquelle font répétés toutes les syllabes & tous les sons difficiles & équivoques de la langue.

surnaturel prince condui gobelet malade mes faraï heureux montez anticipe examiner hostilité suave vitriol scabreux ancien joab avantage écrivoit condition abraham voit fourchette soupirail exaucer fiel dragon femme aversion boisson enduire avancé robe cordon caraffe mes afin lionceau

chien joyaux hardiment connoiffance cabale
fincere fuin andouille image remede douceur
éfaü mouffent dévotieux galope rigole ambaf-
fadeur inquiet ficelle fouleve foit joaf hautain
plaire princeffe liége eft gauche naaf croit
antidote gaine miliaffe j'ai exorable peau im-
mobile cendre manuel exorbitant faim s'obtient
bourgeois chef engagea impérial poëte curieux
récréer riment capucin canfré abricot fuoit les
ces cercueil caudebec moyen hémétique cour-
tifan ouailles tourment préjudice fimple connoître égayoient proceffion cane gêne licaon
argile afpirer couverture œuvre épier foiblement
augmente agir répréhenfible avancer plein bail
montent eftime nouoit ces extafe gilotin cor-
royeurs après figure efpagnol gimblette cuir
herbe gourmand invalide virgule pareffe caïn
réfléxion accepte aucun niort coëffe rivale médaille reçoit étoile précieux oblige largeffe jouet
étouffent tes fonette habile vieilleffe exécution
homme hardieffe gambade continuer.

---

gu   elbe   oi   ien   t   age   fes   éeffe
oient   erfe   ca   ph   ad   ui   au   ilve
exil   ouet   eaune   gr   oin   une   ei   aon
tial   ct   urbe   yen   oi   bl   uife   oyelle
ace   s   aife   ex   yance   éer   erme   ffi
or   pr   uet   offr   oit   eul   ouin   phr   urce.

D 4

gayeté caisse oreb offensif munition conviez celui chaufoir léopard exalter infraction aucune truelle saxe croissy bac histoire gouvernante adorera cage souhaiter agace espece des importe déesses scorpion épine humide campement naaman reine gingembre habitude manquent bégue pigeon exiler roi témoins grégoire cerfeuil les cadet prouesse concile paranthese abeille scribe c'est j'ennuyai doit avril cœur josué ancienne béte période recele gabao nuptiale jouoient occuper exhumer hauteur biais commencez tomber ovale religieux gelboé ceinture empois déloge paya ébloui cautere mérite tes verrouil effet biscuis hardiesse flamme couffin pauvreté habituons rompent circonstances scribes les étoffe hautain soleil priasse du gain réel vulcain cela esprit affliger remueuse ceux alambic j'irois souvent ancien orgueil puce chirurgien ces dinez béatification gant amene hérisson branches mes herbages craignent tomberoit plioit retournent extirpé ismaëlites scandale hostilité.

---

aute   oï   af   &   aer   ex   dr   use
im   est   tr   aute   iai   inte   ez   cau
f   éor   ic   gim   oit   up   uete   elce
arde   sin   ouoient   im   z   aufse   oë   in
y   aül   doit   ilme   urte   eau   ai   gl
once   ielle   ice   ez   sin   ç   éi   erge   ulce.

œil relief menagé digue exécuter noël heureusement poitrail mes estimer fénouil gaillard poisson boueux exercer prise largeur mitoyenne dédain vergette calcul lacet affluer baim corruption habitude goinfrerie bisaïeul chœur amour esculape exemple mitoyen gamelle cuve bercail belle joathan philosophent exhaler hyver déluge pigeon épanouir vient fixe pelote pincette boit conscience citoyen serai calme s'évertuent nageoire jujube faire luxe trufe obligeoient darius ces gorgerette jéhu aspirent exhorter siflet carton substituasse fouille gardien choc calme pieuse philosophe arceler idéal respect jambe doctrine babylone ses envahir affoiblir brusque bateau connoissant historien prieur balayer dogue des trouvent humblement est.

moab glace gribouille fagot mœurs souab mes j'ose houlette aboyant boëte examinons foule scabreuse saluons magicien viande connoissez opération payen voit écharpe exaucée ancienne

---

oi	ger	ug	uir	pl	ar	ptial	ouange
au	éme	oï	on	aïn	ce	qu	alce
ë	ien	ei	olce	euille	yeu	ax	cesse
éance	fl	oc	cal	yen	oule	ueu	eaupe
n	oua	auge	oë	exo	aod	z	alte	ai
fien	fph	oi	um	oient	ooz	ille	anne.

gond janvier émulſion les vœux moïſe effacé
louange cordé dénouant enfin diſpute figure bierre
brulent oxicrat anſelme l'index homme influai
ſept barbe bénédiction affaire le mien cancre
alcibiade volaille exulcératif obéiſſance combattre
giroflée auprès culbute éternuoient cailloux ha-
bacuc impatience moyen toi obſcur tierce humblement gédéon ranger acharne tranchoir virgules mouchent extraordinaire accueille marſeille
adreſſe & berceau patriarche connoiſſable hugue
ſinge boiſſy joaf ménage feuille douceurs tes
feuilleter dévotieuſe amuſe golfe eſſuyage nacelle
contrepoil ſoit impoſſible diſcontinuant princeſſe
dinde gaucher ayant peine croit ſerpe crioient
gaine miette inéxorable inventaire encens voyelle
exorciſme vieille linge bourgeoiſe louange dégage
hoirie chaud marte écu brione fête vinaigrent
cinquiéme armement fenouil cotillon port mahon
accueil ſuperbe courtiſane efficace ſommeil médi-
cament confier ſimplement répréhenſibles paſſion
mufle œil gêner affluence agile public.

---

yeur	iv	ſpl	can	ſien	éan	é	orge
gar	ine	uif	og	k	vent	ois	ouane
oc	oï	olme	aé	cez	alce	aine	eu
ſtr	ux	yoient	ouſtr	ption	ceſſe	b	ouil
uff	exu	ete	éne	uon	ille	cel	im
oua	ouf	oé	ayen	ois	exe	d	aux yol.

pouce confronte bigoterie frayeur mes cinquiéme
mitoyen huileux rahab examinera fyllabe fcabreux
boufe muficien alliance récréation poëte voit fuffi-
famment exauçoit boëte trahir gonfler fyndic fuf-
penfion monfieur remplacez force émaillent ac-
cordoit joël afin ruine figuroit ifmaël oxicrat ren-
verfe extrêmement kirielles fept vogues mœurs
production fuinter cardeur accueille deftitue exul-
céré diadéme compulfer entreprife cultivé défo-
béir écaille pouffent patience docile obfcurément
bluete humble ftupide voyageur louange virgule
pape accueillerez pierre fardeau ambulant grave
connoiffez s'évertuant fingerie fontange fingu-
lier fromage boueux douceurs patentes dévotieux
j'octroyai rigoles femmes étincelle galaad foit heb-
domadaire princeffe juifs gaule prefcience rameau
croit booz gaine parfumé mettent inéxorables
cahors cengle roc exorcifer liard bourgeoifes com-
merce engage joab incurable tribune cinquantiéme
faül récolettes entorfes cercueil négocioient cour-
ber paire intrigue regimbement conduirent fim-
plifié vieille interceffion lionceaux gênera.

---

ci	v	cœur	t	exem	l	tion	f
ce	ch	mes	n	fept	b	fin	f
ca	r	ge	m	vent	qu	dion	ill
co	z	gi	p	doit	j	ex	cl
ga	cr	cu	fl	go	d	gur	gn
des	ft	cien	ct	gé	gl	cette	gr.

virgile préféance conteau conful affoiblir huile
agir commode glacer avouer attelte ces efcarpent
chaufent lionne agilité éleve défiguré inftuai eft
regimbement finge gourmet fouabe réceptacle les
appointe peîte finguliérement moyenne immoler
génuflexion aucun naim ifaac coeffe prohibé reçoit balafre les cieux triages veftes largeffes tes
ouailles nerfs habitable (chanaan canaan) exécute
duc gambadions vitriol demandons amorcé joaf
marquent frayeur fpécification caravane celui les
abraham exalté urfeline rancune fiel thorax fub-
jugue marécage œuvres manué agace fommeil des
ferein impériales paille fcorpions médufe camphre
recréer gingembre emporte goulu juif arrangeons
laffitude reclament exhibons féconez nœud goitre
euterpe cabinet diane conciles rivieres fcrupuleux
bathuel c'eft menfonge doit bafouoient honnéte
cœur appuyant fuperficiel celles comme nuptial
naïf exhumera danube enfrcez affreux irréligieux
marioit cohortes ceintrer étayer trempent orphe-
line caufeufe furai cuiraffier baillie effaré inquiet
fantaffin ulcere conduite étoile les divine.

gu	en	ph	eur	chr	et	x	ob
fqu'	in	pt	an	br	ui	tr	ouet
phr	ip	vr	ou	dr	aife	fr	ette
pr	eil	ftr	ec	ffr	i	ctr	ad
phl	une	gl	u	fl	emme	pl	é
bl	on	ffl	oin	pl	el	bl	ace.

héréditaire naaf du gain course lucain milliasses
à-peu-près ficela déluge ceux continuer souvent
camail orgueilleux conviez phrigiens cause gan-
telet léopards devinent forteresse circonflexe juive
gingembre offrande ombragé enrouons muet les
exécuté extirper estimeront ayeux chevrefeuil &
gaillardement novice exercerons ponctua voyageur
surcharge vergetes boueuse saucet herbette croupy
conception nétoyage goinfrerie flamme question
chœur baal rubarbe exempté affronté triomphent
nielle condui exhalé baleine informe plongeons
ésaü onix tillac pincette purgation des rocaille
niort précipitation privent source boit gelboé faim
nageoire aliene luxurieux jouet acception duchesse
gorgée plongeoient impudent vieillesse drogue ces
exhortoit habituons carme écureuil regarde jeune
priasses calculé boudeuses pharmacie réel respect
enjaule doctrine frappoient restituez préposent les
pinde foibles joueur foi méconnoisse corporel &
effrayer soudoyen resse étuve pareille trompoit
certain temple importe destineroit joueuse ceux
scrupuleux dévoile scandaliser.

fl	er	gl	oi	ft	af	br	av
gl	age	fr	a	ct	enne	ftr	eu
gl	ef	ffr	o	ft	yeu	phl	er
ct	ai	fl	un	bl	ag	gl	ien
ffr	e	bl	eil	ftr	esse	fl	our
fr	oi	gl	ui	tr	ei	ph	eur fl

concierge puce garouage cigogne mitridate mes
larmoyoit huit palme examinerez raphaël adverbe
fcabreufe roulent praticien chifre declaration dé-
fioient voit fuintez caïn éxauceriez confifquer les
gonflons convulfion archiduc tracé biais cordon-
nier pouce enfin joathan figurons pomone exicrat
ébloui marchent inexprimable claffe fept hardieffe
des fonctions prague candidat s'évertuant exulcera
œil compulfoire darius cultivons bourgeoife écaillé
jéhu impatience ayeul obfcurcir gruau humblement monde germe dénouai virgules ufurpe c'eft
recueillir étayé pourceau fanglent janvier reffuage
connoiffoient fingler virginité domage trompette
douane douceurs devotieufe ondoyé golfe anfelme
efcarcelle facil foit orbiculaire princeffe offrandes
gauler daniel croit cuir gaines enfin exorables tes
gabao contefte broc cengler mitoyen bourgeoifes
exhorbitantes fénouil & exaucer (moife moyfe)
dégage lucarne écumer épanouir livrent badaut
cinquiémement rempliffe incommode gaie accueil
confcience augmenter courge influai tempête &
commandement andouille fimplifions.

éel   irpe   cou   ulce   euil   uoit   br   elte
ex   car   p   oua   orde   oir   oan   ace
ayant gil   fch   af   aille oor   ch   aume
iette eft   imme ei   éé   iau   v   cette
one   uiv   ay   once   ooz   celle tr   ouane
er   oab   um   el   aon   cin   pt   erme   ilce.

conceffions époufe gêneroit obéiffance évangile
tuile coutume ruade affoibliffez appréhende rugir
marfouin placer coupe refte priois noya ces inventer efcrimoit réligions glueux défigurons forge
exceptent gimblettes avouaffe gourmette embau-
mer hérite fingularifer bifayeux vefte préfixions &
pareil gendarme confiez chacun caufé balaam les
tes coëffer turbes reçoit fouffre fpécieux déliaffent
fageffe jofué nerfs habitude échelle bifayeule priez
foupoit exécuter échec dénombrent gambadons
anciennes demandez quitance étayé voyelle am-
plification fubalterne celui métail dénouant exalta
défefpérer lacune biere ftorax collegue faccage &
portmahon agace vilain recueillirent confier reluife
auteur camper répréhenfibles gingembre portes
goûter ftuart volontaire faccageons accorde des
agacent recueillerez fcorpions javelles mouillent
eft accouples taupe incapable royal imbécille loi
envahir fcribes tuoit c'eft panurge doit cœurs &
gadouars papillotes logiciens balayeufes permettez
celles nuptiales naaf exhumoit alberge agacez cou-
rois gauffres litigieux vieillards affluer.

---

ei	qu	ac	iaffe	iou	un	ce	éal
orpe	f	boit	ux	uon	au	euil	cun
pt	ouon	ip	ez	oan	eu	aer	gule
fch	oc	ain	oyelle	chr	auge	ya	eb
gon	um	éel	ig	gl	anve	gor	eufe
aine	con	euille	dr	oueffe	eg	oab	yen.

zeste essayer échaufe payens cauftique théodoric
triban cuire miete efface grince marcaffins délay
noailles conduire licorne les louages hériffé afpect
rouille du gain brione démontrent figues républi-
cain jaim aifances harcela néanmoins toujours les
ceux ambre vermeille fouvent mathatias défefpéré
fuerent flambeau orgueilleufes perles théologiens
puiffant gantier plaide anneze louaffe gingembre
fcander polipe broyons œil envifagé parvenu exécuteur ruelle enflent eftimation gorges gaillardifes
ouailles exerceront minutes fœurs voltigeur poëte
balayoient targettes confirme lacet rouets percep-
tion elbe goinfre canfre chœur niéce exempter
foif faluons rogation cailler moyens rahab exhaler
afpect des confiance fongeons béatrix féroce géne
doucette mitoyenne cimetiere boit nouez hofpice
mangeoire lune moyeux tripaille fongeoit vœux
conjugue égorgeons haïr exhortant confeil grief
carcaffe bigarré ufances calculer j'étois joël fablent
phénomène ayant refpectueufement viceduc doc-
trinaires friant fes annonces foibleffes.

---

ael goir f ouge aille air effe ohor
fr orf yenne efe im pr ces éir
uile tr eu infr oient uau aux ption
gn eur oui eaule oan ulme aon
fli C' effr cin eau oyelle cl oube
ier ointe eft exem éon ill aune chœur.

planette

planette essaya entretenir lourde pleine clémence
larges tuerions entrera appellent postérité funeste
prenions grincement scabreux funeste négociant
académiciens mes genoux serons vocation hurle-
ment destineras perde voit exagéroit léchent c'est
exhaussions feignez feroit arragons exicrat loupe
extension taupe sexte bonifié fortuné neuve sept
funeste guêpe luc corbeille morve direction serve
crimes entrouvrent brocanteur canonise afin des
généreuse exulcera inovation augure comprimer
monosyllabe gager conivence virgule cultiver &
seigneur canardiere accueillez chauve cailloux pénitence lionceaux pronostique patience doive soit
obscurcirons exceptant soit connoissons finesse les
louve singulariser humbles avantage morne serve
princesses douceur ambitieuses manqueras gaules
croit pénitence dévotieuse saturne peigne rigoles
originairement dégaînoit éloigneront dénombrent
étincelles inéxorables juive centuple crême exor-
ciser recueil contemplent gênassiez mener vigile
ennemis contrepointe diminueront bourgeoises
chaîne couvrir payement engage avenir.

uc	pl	ec	b	oc	pt	ic	ſph
oin	bl	oel	fl	oab	ſtr	oad	ſqu'
uve	x	anve	ſb	inve	d	enve	ffr
ieur	fl	iar	r	iol	tr	iet	ſcr
one	pt	arne	gn	erne	cl	orne	ctr
éel	t	éu	s	éi	f	éhen	iois	ſpr

bafcule lionne affoiblira fimplicité prenant mugir
cintrerons ramener permiffion s'imagina bricole
canne prenne défoncer proteftant emportes fingularifer continué ces cahute feinte fluxions rougi
apprenons morte aucun inclinations augufte c'eft
gonflent offerte coëffée reçoit inopiné gimblettes
prononce peignent engourdiffons licencieux ferez
largeffe maintenant demandoient continuité tes
accablent halaine payable pénitence halebarde
poudrent féliciterions déclamera confifcation celui
honte exécuteur complimenterons héritier voûtes
ambitieux gambaderez promenade continuel repré-
fenterai exaltoient lacune fuite gingembre canal
taxes inhumanité raclent dérangeras concile gou-
vernail balaine marécage commune miférable &
fcribe tante obligeons c'eft l'agace divinité doit
entreprenoit continuation exifteroient des jointe
cœur examen fcorpion goitreux amenant fixe les
phificiens fpongieux celles punition ceindra fexe
prononciation nuptiales ambitieufe payé immunité
exhumoient s'éclipfent caufenfes tremblaffe cuite
enfoncez termines informerions enfeigné,

cet	n	gan	ç	cer	k	gez	thr
gour	m	fien	pf	celle	f	cœur	gu
ffi	br	gom	phl	doit	ft	cou	qu
les	v	ffin	f	ction	tr	cul	gl
cur	gl	ff	fp	ix	gr	gim	ill
ffion	phr	cette	z	gen	fl	xions	cui fpl.

CATALOGUE

*Des noms des Figures employées dans cet Ouvrage,
qu'il faut faire lire plusieurs fois aux Enfans
afin qu'ils en retiennent la vraie orthographe.*

la lune un lit des bas un bouffu une femme
une pipe une chaise le soleil un serpent
un fauteuil une caraffe une cage un verre
une glace des os un dé une roue un balai
une fleur des raves un raisin une robe de
la salade de la dentelle des noix un poing
des yeux un loup un ruban un fouet un
mouton une abeffe une chienne des cheveux
une fourchette une bague un bec un étui
un chien un une cave une porte une boule
des griffes une mouche une langue une chaîne
une barbe une bourfe une poire une plume
un negre une perruque des feuilles des cerifes
de la foupe une orange une boucle du fucre
une corde une campagne des épingles un
mafque des pantoufles des écus des abricots
un avocat une balance un chaffis une vefte
des fagots un logis une proceffion un cou un

cœur des infectes une figure un doigt le vent
des pincettes un exempt la bénédiction des
plumets l'index une gouvernante un gateau
des petits enfans un homme qui excite des chiens.

A V I S.

Avant que de faire paffer l'Enfant au caractere Italique,
il faut qu'il life couramment toute la Piece de Lecture
qui eft ci-devant. Pour cela il faut la lui faire lire toute entiere cinq à fix fois au moins.

CARACTERES ITALIQUES.

Confonnes.

ch   m   j   gn   f   r   p   d   l   f

z   fl   t   b   ill   cr   v   n   qu   cl

ct   gr   gu   pt   fqu   Chr   ft   gl   x   ph.

Confonnes doubles formées de fimples.

ct   ftr   fr   vr   tr   ffr   pr   dr   phr   br

phl   gl   bl   fl   pl   gl   fl   pl   bl   fl.

Consonnes doubles mêlées avec les simples.

ſp ill gl o phl br ſch p ſt l

fl phr fſt ffr qu sch j & ſb fl

ſqu b pl pr ſbr gu pt r fl ffr

thr pſ k ç gl s tr ſ ſt qu

gu pl vr C' ſpl ≈ gr cl Chr ch

bl dr bl ſtr pt ſp cr ph cl êtr

tr ſcr d x m ſ n f t ſpl.

Voyelles, ſons ſimples & compoſés mêlés enſemble.

au eille un eſt elle eſſe oient ez em oit

el ois om an im oit eil oî in ci

ain elle oy ai au œil y eau yen ai

oi ein ê euille ez en & our oit im

ë air in on ei o eur ien eſſe oy ain

è on a au ail ay œu eſt am elle oient

au y ouille yen i œur oî em euil im ouil oi

eu ai oir u ois eſ ê aille ex um é et.

LECTURE.

*supplice ainsi écrouent platoniciens montoit den-
telle & écrivez pacification goboient mes parfum
soupirail voit hurler chien boisson exhausseriez
examen j'ai tambour fera scabreux estragon andouille ascension dextérité les plaire sœur publient
dénoncé sept poëte cordage moyen déduction enfin
ambassadeur brocantoit peau connoître conspirerent
augurer faim exulceroient est oxicrat œuvre serions
voltiger fouille compression divulguent médaille
plein cultivez virgule raine caillette recueillement
chasser impatience taxassent morceaux importe
après roi obscurcis paresse abeille humblement
connoisse singularité jouoient pauvreté davantage
soleil tonner esprit douceur bête j'irois dévotieu-
sement verrouil œil appuiserent dinez golfes escar-
celles plioit exodes & poitrail soit poissent concen-*

gé	b	fi	pt	ceu	ſtr	tion	ſqu
ger	fl	cen	x	gon	ſb	cœurs	bl
exil	d	gul	ffi	cin	ſer	gail	ffr
cel	r	con	tr	gin	pt	boit	ctr
car	gn	exo	cl	gor	t	tes	ſpr	cœ
s	gam	f	exc	n	cal	thr	gui	coi.

tré princesse c'est exhorbitant poisson dédain gau-
loises hymen bourgeois frappent croit amour dégage
dégainoient tournent curiosité discussion humble-
ment cintré jambe simplifierez vient bateau les
coloris serai écueil timbre fraire génasse est retractent
évangile mœurs courez boëte affoibliront fragilité
c'est tranchoir payens connoissez élargir auprès
angulaire exercer puissent regimbions vœux adresse
volaille engourdiroient le mien ces feuillettes sin-
gulière consciencieux souillassent crioient ixion
sagesse tes peine promptement chacun impossible
fénouil hangart coëffer toi exécutoire reçoit chaud
vieille gambadiez tu mentois celui crussent fête
exaltât ces embonpoint étayé aucune hymen riez
sommeil storax exhérédation puoit saccage espoir
bétail m'agace mien goûteux croix jambons des
mondains affligeons scorpion quay assortissent cha-
peaux détour exhibera pareil & campez grenouille
nouvelles grégoire humble affaire gingembre capable
cœur est imbécilles je chantois ancien rien sœur.

---

aise	sb	ase	x	ese	d	ise	ffr	
éesse	ffi	éa	r	éon	tr	éor	fcr	
er	pt	ar	gn	ir	cl	or	ctr	
oué	t	ouoit	s	ouesse	f	oueu	fpr	
our	ç	oir	n	eur	k	air	pf	
ion	f	ian	m	ieu	l	ien	iu	thr.

AVERTISSEMENT

Sur l'usage que l'on doit faire des sons & des sylla-bes formés des lettres Majuscules, tant pour donner de la facilité aux Enfans pour lire le gros Caractere, que pour les préparer à l'orthographe de tous les mots qui peuvent s'apprendre sans le secours de la Grammaire Françoise & de l'usage.

LORSQUE les Enfans auront vu plusieurs fois les sons & les syllabes suivantes, il faut leur en faire rendre compte par détail, c'est-à-dire, lettre à lettre, en leur demandant, par exemple, quelle lettre faut-il pour faire le son *an?* Quelle lettre faut-il pour faire *in?* &c. Si à ces questions ils répondent juste, en disant, il faut un *a* & un *n* pour faire *an*, un *i* & un *n* pour faire *in*; il faut continuer toujours de même jusqu'à ce qu'on les ait tous parcourus.

Si au contraire ils restent courts, comme cela pourroit fort bien arriver dans le commencement, il faut leur recommander de se les représenter à l'imagination, ainsi qu'ils se représenteroient les figures contenues dans un tableau qu'ils auroient vu, & dont ils voudroient rendre compte, & même les leur faire revoir sur le livre quand ils y manquent.

Mais si après que l'on aura affermi les Enfans sur le détail des sons qui ne rendent point à l'oreille la valeur des lettres qui les composent, on vient à passer à ceux qui se font entendre à la simple articulation, comme sont les suivants *pr, br, tr, vr, el, es, une, il,* &c. alors il faut changer de moyen pour les leur faire trouver. Ainsi au lieu de leur recommander de recourir à leur imagination pour ceux-là (ce qui seroit absolument inutile) il suffit de les leur faire articuler très-doucement en leur recommandant de peser & d'examiner attentivement

le ſon qu'ils rendent à l'oreille, & dès lors on verra avec
ſatisfaction qu'ils ne feront pas long-temps à diſtinguer
toutes les lettres qui entrent dans la compoſition des
ſons, & même des ſyllabes entieres; ce qui les conduira inſenſiblement à acquérir au moins les deux tiers de
l'orthographe.

Il faut bien prendre garde de ne pas confondre cet
exercice avec celui qu'on pratique ſotement dans la méthode ordinaire, qui eſt de ſurcharger la mémoire d'un
Enfant en l'obligeant de dire *o u* pour trouver *ou*, *é a u*
pour trouver *eau*, *o i* pour trouver *oi*, *é s t* pour trouver *eſt*, &c.

La pratique que j'indique eſt bien différente; qu'on
ne s'y trompe pas; quoiqu'un eſprit léger & ſans réflexion puiſſe, au premier coup d'œil, y trouver de la reſ-
ſemblance avec la pratique ancienne; car la méthode
commune fait d'abord dire à un Enfant, comme je l'ai
déjà obſervé, *e a u*, & par un effort de mémoire qui
l'oblige preſque à deviner *eau*. La nôtre au contraire
offre une plus grande ſimplicité à l'Enfant en lui faiſant
d'abord articuler ce ſon *eau* comme s'il n'y avoit qu'une
ſeule lettre; & quand il le fait & qu'il eſt bien dépeint
dans ſon imagination, alors il peut en rendre compte
ſans peine, de même qu'il le feroit d'un tableau dont
l'aſſemblage des différens objets ſeroit dépeint dans ſon
imagination. Ainſi il eſt aiſé de concevoir par ces différentes opérations que notre Méthode finit par où l'autre commence; ce qui établit évidemment la différence
qui régne entre les deux Méthodes ſur l'uſage qu'on y
fait du détail des lettres.

J'ai oublié de recommander qu'en faiſant rendre raiſon à un Enfant ſur le détail des lettres qui entrent dans
les Sons & Syllabes, il ne faut pas pour cela lui changer
le nom des lettres, parce qu'il eſt à propos qu'il conſerve
leur même dénomination juſqu'à ce qu'il liſe parfaitement, tant dans le Latin que dans le François, après
quoi on lui donnera quelques principes d'orthographe,
& pour lors il n'y aura plus d'inconvénient à adopter
l'ancienne dénomination des lettres A Bé Cé Dé. &c.

LETTRES MAJUSCULES.

A B D F J (I Y) (K Q) L M
N O P R S T U V X Z.

Lettres qui ont deux noms.

C. *se nomme* ce *ou* que.

G. *se nomme* ge *ou* gue.

H. *est une lettre muette à moins qu'elle ne serve à former les sons suivants* PH. CH.

E. *est une voyelle qui a quelquefois le son d'un é fermé, & d'autrefois celui d'un e muet, comme dans le mot* roue E.

Sons & Syllabes mêlées de grandes & de petites lettres.

er . . . . Er	en . . . . En	em . . . Em
on . . . On	om . . . Om	œu . . . Œu
ouil . . Ouil	ay . . . . Ay	œil . . . Œil
in . . . . In	oi . . . . Oi	ou . . . Ou
eur . . Eur	ein . . Ein	euil . . Euil
im . . . Im	an . . . . An	eil . . . Eil

au . . . Au	air . . . Air	eau . . Eau
our . . Our	elle . . Elle	œur . . Œur
et . . . Et	eu . . . Eu	une . . Une
oin . . Oin	oui . . Oui	ain . . . Ain
air . . . Air	ail . . . Ail	am . . . Am
oir . . Oir	il . . . Il	un . . . Un
ef . . . Ef	enne . . Enne	ei . . . Ei

Les mêmes Sons & Syllabes mêlés.

Premier Ordre.

Elle	An	Ou	Ai	Et	Au	Un	Ain
Ei	Enne	Ail	Œu	Ein	Ay	En	In
On	Air	Eu	Eil	Oin	Our	Im	Euil
Une	Eau	Aim	Il	Oui	Em	Oi	Om
Eur	Ouil	Er	Œil	Am	Oir	Œur	Eft

Second Ordre.

Om	In	Oi	En	Ay	Oui	Em	Ein
Il	Œu	Aim	Ail	Eau	Enne	Une	Eil
Eur	On	Elle	Air	Eu	An	Œil	Ou
Er	Eft	Ai	Oin	Et	Our	Au	Ei
Un	Œur	Am	Ouil	Ain	Euil	Om	Im.

Sons faciles à trouver en confultant la valeur de chaque lettre en particulier.

Fl   Pl   Tr   Bl   Dr   St   Vr   Fr   Br   Pr

Sp   Thr   Pt   Str   Ps   Spl   Sm   Sb   Spr

Sr   Squ.

Sons pour lefquels il ne faut pas confulter la valeur de chaque lettre en particulier, fi on veut les trouver plus facilement.

Ch   Qu   Cl   Gn   Cr   Gl   (Ct ct)   Gu

Chr   Ph   Gr   Sch   Phr   Sph   Phl

Scr   Sphr.

Syllabes compofées de grandes & petites lettres.

Gui   Ci   Ga   Gur   Ceux   Gelle   Cœur   Cul

Xions   Boit   Cal   Sept   Cour   Geffe   Gal   Ca

Celle   Gen   Gon   Gin   Cail   Ptial   Exem   Cun

Ptien   Croit   Ces   Cette   Gen   Con   Cé   Gam

Com   Cienne   Cau   Go   Soit   Goi   Gour   Les

Ger   Cel   Co   Cette   Cu   Exu   Geur   Gé

Ge Des Gan Gir Gez Cou Exa Gim

Gail Tes Cir Ex Gil Ce Can Cien

Xion Cil Cer Tion Cin Gor Exor Gur

Mes Cune Gien Ce Exer Gai Gule Gau

Gi Gom Ceu Gar Exo Ses Cam Gois

Gou Cesse Cor Cim Cur Cez Gul Cet

Exi Car Ax Goin Gau Com Gen Gueu.

SONS ET SYLLABES

En lettres Majuscules dont la valeur des lettres
ne se sent point à l'oreille, ou très-peu.

an	AN	ou	OU
in	IN	am	AM
on	ON	om	OM
un	UN	im	IM
en	EN	um	UM
au	AU	em	EM
ez	EZ	enne	ENNE
eu	EU	e	E
er	ER	ent	ENT

oin	OIN	ouil	OUIL
oi	OI	ai	AI
ien	IEN	ei	EI
ag	AG	oit	OIT
eur	EUR	et	ET
ec	EC	eſt	EST
oy	OY	ay	AY
eil	EIL	ois	OIS
ail	AIL	oient	OIENT
euil	EUIL	ê	Ê

Répétition de ces Sons.

Premier Ordre.

Ê AN EZ OIT EU EIL OM EST IN
AG OIS ER UM EI AIL IEN AU EM
OI AY EN OUIL IM EUR OY UN EC
AM OU E AI ENNE OIN ENT ON
ET EUIL OIENT.

Second Ordre.

EUIL ET OIN AI OU EC OY IM EN
OI AU AIL UM OIS IN OM EU EZ

E AN OIT EIL EST AG ER EI IEN

EM AY OUIL EUR UN AM E ENNE

ENT ON OIENT.

SONS COMPOSÉS

Des précédens dans lesquels il n'y a qu'une lettre à retrancher ou à ajouter à chacun pour qu'ils soient les mêmes aux yeux, n'étant point dif-férens à l'Oreille.

AN	EAN	EL	ELLE
IN	EIN	ES	ESSE
IN	AIN	EUR	ŒUR
ON	EON	EIL	EILLE
UN	EUN	AIL	AILLE
AU	EAU	OUIL	OUILLE
EU	ŒU	EUIL	EUILLE
IEN	YEN	OI	OIR
EIL	ŒIL	OU	OUR
IM	AIM	AI	AIR

Sons composés des Racines.

Premier Ordre.

EIN AILLE ŒU EUN ELLE YEN OIR
ŒIL AIN OUILLE EAN OUR ESSE AIM
EILLE EAU AIR EON EUILLE ŒUR.

Second Ordre.

AILLE EUN YEN ŒIL OUILLE OUR
AIM EAU EON ŒUR EIN ŒU ELLE
OIR AIN EAN ESSE EILLE AIR EUILLE.

Les mêmes Sons composés mêlés avec leurs racines.

EIN EUIL EAN ET AILLE OIN ŒU AI
ESSE OU AIM EC OY IM ELLE EN OI
EILLE AU AIL UM YEN OIS IN EUN
OUR OM EAU EU EZ É AN AIR OIT
EIL ESR AG ER EI OIR IEN ŒIL EM AY
OUIL AIN EUR UM AM EUILLE E ENNE
ON ENT ŒUR OIENT EON OUILLE.

DOUBLES

DOUBLES CONSONNES

Dont la prononciation ne rend point à l'oreille le ſon des lettres qui les compoſent, ou du moins très-peu, & dont il faut cependant faire rendre raiſon aux Enfans de la façon que je l'ai obſervé, c'eſt-à-dire, en leur recommandant de ſe les repréſen-ter comme un tableau.

TABLE

ch	CH	ct	CT
qu	QU	gl	GL
ill	ILL	cr	CR
gr	GR	gn	GN
ph	PH	thr	THR
cl	CL	chr	CHR
gu	GU	phr	PHR

Répétition de ces doubles conſonnes.

Premier Ordre.

CHR GN GL GU PH ILL CH GN

GU ILL THR CR CT CL GR QU

PHR CHR GL PH.

F

Second Ordre.

CH PHR ILL QU PH GR CL PHR
CH GN GU CT GL CR GN THR
CHR QU CL CR.

DOUBLES CONSONNES

Dont la prononciation rend à l'oreille le son des let-
tres qui les composent, & dont il faut faire ren-
dre compte aux Enfans en les obligeant de con-
sulter leur oreille.

Premier Ordre.

PR FL ST FR PT BR PL TR BL VR DR.

Second Ordre.

FL FR BR TR VR PR ST DR PT PL BL.

Toutes les Consonnes doubles & simples
mêlées ensemble.

GU BR QU PHL ST V S GL TR ILL
SP GR PHR Z FL SPL L C VR P PL
SCH CT DR J BL CH FR CL FFL PH
PR B CHR SPH PT SQU BL X CR SB
FFR D SCR STR GN SPR T F R N
CTR K PS M THR.

SYLLABES

Formées du gros Caractere dont il faut faire rendre compte aux Enfans, en leur recommandant de consulter leur oreille & de se les représenter comme un tableau.

mes	MES	tion	TION
ci	CI	ce	CE
ge	GE	gur	GUR
ca	CA	cœur	CŒUR
exem	EXEM	gi	GI
co	CO	ex	EX
sept	SEPT	ction	CTION
cu	CU	ga	GA
go	GO	doit	DOIT

Répétition de ces Syllabes.

Premier Ordre.

MES GE EXEM SEPT GO CE CŒUR
EX GA CI CA CO CU TION GUR
GI CTION DOIT.

Second Ordre.

CI MES CA GE CO EXEM CU SEPT
TION GO GUR CE GI CŒUR EX
CTION GA DOIT.

Répétition des mêmes Syllabes mêlées avec leurs compofés.

MES CI GE CA EXEM CO SEPT CU
GO TION CE GUR CŒUR GI EX
CTION GA DES CAU COU GIN GAU
CUN EXER LES GOU CEN GER TES
CTION CIN GURE CUNE CON EXAU
CES GAN CER CAN SES GEN TION
CAM EXHOR GON COM GAM.

A V E R T I S S E M E N T.

LA premiere fois que les enfants liront le conte fuivant, on n'exigera point d'eux qu'ils lient leurs mots,
mais feulement la feconde fois, parce qu'il fe trouvera
à la fin de cette Piece de lecture un recueil de phrafes
fufceptibles de liaifon, que l'on fera parcourir aux Enfans environ cinquante fois, avant que de leur faire
recommencer cette lecture, afin qu'ils contractent
promptement une habitude qui ne s'acquiert d'ordinaire qu'avec beaucoup de tems.

On aura foin de faire lire fort exactement aux Enfans les phrafes en lettres Majufcules qui font placées
au bas de chaque page.

LE PRINCE CHÉRI.
CONTE.

IL y avoit, du tems des Fées, un Roi qui étoit ſi honnête-homme, que ſes ſujets l'appelloient le Roi bon. Un jour qu'il étoit à la chaſſe, un petit lapin blanc, que les chiens alloient tuer, ſe jetta dans ſes bras. Le Roi careſſa ce petit lapin, & dit: puiſqu'il s'eſt mis ſous ma protection, je ne veux pas qu'on lui faſſe du mal. Il porta ce petit lapin dans ſon Palais, & il lui fit donner une jolie petite maiſon, & de bonnes herbes à manger. La nuit quand il fut ſeul dans ſa chambre, il vit paroître une belle Dame; elle n'avoit point d'habits d'or & d'argent, mais ſa

---

RÉFLÉXIONS

Sur l'uſage que l'on doit faire de ſa Langue.

CE N'EST POINT L'ÉPÉE QUI DOMPTE LA COLERE DES AUTRES, MAIS LA PAROLE DOUCE ET HUMBLE. QUAND ILS CRIENT, NOUS CRIONS NOUSMÊMES; NOUS EMPLOYONS LES INJURES, LES MENACES ET LES MOYENS VIOLENS POUR LES FAIRE TAIRE; ET NOUS OUBLIONS QU'IL NE FAUT QU'UN

robe étoit blanche comme la neige, & au lieu
de coëffure, elle avoit une couronne de rofes
blanches fur la tête. Le bon Roi fut bien étonné
de voir cette Dame ; car fa porte étoit fermée,
& il ne favoit pas comment elle étoit entrée. Elle
lui dit : je fuis la Fée Candide ; je paffois dans le
bois pendant que vous chaffiez, & j'ai voulu favoir fi vous étiez bon, comme tout le monde
le dit. Pour cela, j'ai pris la figure d'un petit lapin, & je me fuis fauvée dans vos bras ; car je
fais que ceux qui ont de la pitié pour les bêtes,
en ont encore plus pour les hommes ; & fi vous
m'aviez refufé votre fecours, j'aurois cru que vous
étiez méchant. Je viens vous remercier du bien
que vous m'avez fait, & vous affûrer que je ferai toujours de vos amies. Vous n'avez qu'à me
demander tout ce que vous voudrez, je vous pro-
mets de vous l'accorder.

Madame, dit le bon Roi, puifque vous êtes
une Fée, vous devez favoir tout ce que je fou-
haite. Je n'ai qu'un fils, que j'aime beaucoup,
& pour cela on l'a nommé le Prince Chéri. Si

MOT DE DOUCEUR ET DE CIVILITÉ.

UNE LANGUE DOUCE, DISCRETE ET ÉLOQUEN-
TE EST L'ARBRE DE VIE DANS LA MAISON ET
DANS LA COMPAGNIE OÙ ELLE EST. CHACUN
EN TIRE DES FRUITS DE CONSOLATION, ET DES
REMEDES POUR LES INQUIÉTUDES ET POUR LES

vous avez quelque bonté pour moi, devenez la bonne amie de mon fils. De bon cœur, lui dit la Fée ; je puis rendre votre fils le plus beau Prince du monde, ou le plus riche, ou le plus puiſſant ; choiſiſſez ce que vous voudrez pour lui. Je ne deſire rien de tout cela pour mon fils, répondit le bon Roi ; mais je vous ferai bien obligé, ſi vous voulez le rendre le meilleur de tous les Princes. Que lui ſerviroit-il d'être beau, riche, d'avoir tous les Royaumes du monde, s'il étoit méchant ? Vous ſavez bien qu'il ſeroit malheureux, & qu'il n'y a que la vertu qui puiſſe le rendre content. Vous avez bien raiſon, lui dit Candide ; mais il n'eſt pas en mon pouvoir de rendre le Prince Chéri honnête-homme malgré lui : il faut qu'il travaille lui-même à devenir vertueux. Tout ce que je puis vous promettre, c'eſt de lui donner de bons conſeils, de le reprendre de ſes fautes & de le punir, s'il ne veut pas ſe corriger & ſe punir lui-même.

Le bon Roi fut fort content de cette promeſſe ; il mourut peu de tems après. Le Prince Chéri

AUTRES MALADIES INTÉRIEURES. ELLE GUÉRIT TOUTES LES PLAIES DE NOTRE AME ; MAIS LA LANGUE TÉMÉRAIRE EST UNE ÉPÉE QUI LA BLESSE, ET QUI PAR SES PAROLES INCONSIDÉRÉES LUI PORTE DES COUPS MORTELS JUSQU'AU FOND DU CŒUR.

pleura beaucoup fon pere, car il l'aimoit de tout
fon cœur, & il auroit donné tous fes Royaumes,
fon or & fon argent pour le fauver, fi ces chofes étoient capables de changer l'ordre du deftin.
Deux jours après la mort du bon Roi, Chéri
étant couché, Candide lui apparut. J'ai promis
à votre pere, lui dit-elle, d'être de vos amies,
& pour tenir ma perole, je viens vous faire un
préfent. En même-tems elle mit au doigt de Chéri
une petite bague d'or, & lui dit : gardez bien
cette bague, elle eft plus précieufe que les diamans : toutes les fois que vous ferez une mauvaife
action, elle vous piquera le doigt ; mais fi, malgré fa piquûre, vous continuez cette mauvaife
action, vous perdrez mon amitié, & je devien-
drai votre ennemie. En finiffant ces paroles, Candide difparut, & laiffa Chéri fort étonné. Il fut
quelque tems fi fage, que la bague ne le piquoit
point du tout ; & cela le rendoit fi content, qu'on
ajouta au nom de Chéri qu'il portoit, celui d'Heureux. Quelque tems après, il fut à la chaffe, &
il ne prit rien, ce qui le mit de mauvaife humeur.

IL Y A CERTAINES GENS, DONT LA SCIENCE
EST DE SAVOIR TOUT CE QU'IL Y A DE HON-
TEUX DANS LA MAISON ET DANS LA VIE DE CHA-
QUE PERSONNE, ET DONT LA CONVERSATION ET
L'EMPLOI EST D'EN PARLER SANS CESSE, ET DE
LE PUBLIER PAR TOUT : GENS HARDIS EN MÉDI-

Il lui sembla alors que sa bague lui pressoit un peu le doigt ; mais comme elle ne le piquoit pas, il n'y fit pas beaucoup d'attention. En rentrant dans sa chambre, sa petite chienne Bibi vint à lui en sautant pour le caresser : il lui dit, retire-toi ; je ne suis plus d'humeur de recevoir tes caresses. La pauvre petite chienne, qui ne l'entendoit pas, le tiroit par son habit pour l'obliger à la regarder au moins. Cela impatienta Chéri, qui lui donna un grand coup de pied. Dans le moment la bague le piqua, comme si c'eût été une épingle. Il fut bien étonné, & s'assit tout honteux dans un coin de sa chambre. Il disoit en lui-même : je crois que la Fée se moque de moi ; quel grand mal ai-je fait en donnant un coup de pied à un animal qui m'importune ; à quoi me sert d'être maître d'un grand Empire, puisque je n'ai pas la liberté de battre mon chien.

Je ne me moque pas de vous, dit une voix, qui répondit à la pensée de Chéri ; vous avez fait trois fautes, au lieu d'une. Vous avez été de mauvaise humeur, parce que vous n'aimez pas à être

SANCES, INDISCRETS ET IMPUDENS EN RÉPAR-TIES, INÉPUISABLES EN PAROLES.

C'EST ÊTRE BIEN SAGE, QUE D'ÉVITER LA RENCONTRE DE CES GENS-LA.

C'EST L'ÊTRE DAVANTAGE, QUAND VOUS LES RENCONTREZ, DE LES LAISSER DIRE, ET DE N'A-

contredit, & que vous croyez que les bêtes &
les hommes font faits pour obéir. Vous vous êtes
mis en colere ; ce qui eft fort mal : & puis, vous
avez été cruel à un pauvre animal qui ne méritoit
pas d'être maltraité. Je fais que vous êtes beaucoup au-deffus d'un chien ; mais fi c'étoit une
chofe raifonnable & permife, que les grands puf-
fent maltraiter tout ce qui eft au-deffous d'eux,
je pourrois à ce moment vous battre, vous tuer,
puifqu'une Fée eft plus qu'un homme. L'avantage
d'être maître d'un grand Empire, ne confifte pas
à pouvoir faire le mal qu'on veut, mais tout le
bien qu'on peut. Chéri avoua fa faute, & promit
de fe corriger ; mais il ne tint pas fa parole. Il
avoit été élevé par une fotte nourrice qui l'avoit
gâté quand il étoit petit. S'il vouloit avoir une
chofe, il n'avoit qu'à pleurer, fe dépiter, frap-
per du pied ; cette femme lui donnoit tout ce
qu'il demandoit, & cela l'avoit rendu opiniâtre.
Elle lui difoit auffi, depuis le matin jufqu'au foir,
qu'il feroit Roi un jour, & que les Rois étoient
fort heureux, parce que tous les hommes de-

VOIR AUCUN DIFFÉREND AVEC EUX. C'EST L'ÊTRE
PARFAITEMENT, QUE DE FAIRE EN SORTE QU'ILS
CRAIGNENT D'EN AVOIR AVEC VOUS, ET QU'ILS
SOIENT CONTRAINTS D'ÊTRE SAGES PAR-TOUT
OÙ VOUS ÊTES.

ON MET EN CE MÊME RANG DES INSUPPOR-

voient leur obéir, les respecter, & qu'on ne pouvoit pas les empêcher de faire ce qu'ils vouloient. Chéri devenu grand garçon & raisonnable, avoit bien connu qu'il n'y avoit rien de si vilain que d'être fier, orgueilleux, opiniâtre. Il avoit fait quelques efforts pour se corriger ; mais il avoit pris la mauvaise habitude de tous ces défauts, & une mauvaise habitude est bien difficile à détruire. Ce n'est pas qu'il eût naturellement le cœur méchant. Il pleuroit de dépit quand il avoit fait une faute, & il disoit : je suis bien malheureux d'avoir à combattre tous les jours contre ma colere & mon orgueil : si on m'avoit corrigé quand j'étois jeune, je n'aurois pas tant de peine aujourd'hui. Sa bague le piquoit bien souvent, quelquefois il s'arrêtoit tout court ; d'autres fois il continuoit : & ce qu'il y avoit de singulier, c'est qu'elle ne le piquoit qu'un peu pour une légere faute ; mais quand il étoit méchant, le sang sortoit de son doigt. A la fin cela l'impatienta, & voulant être mauvais tout à son aise, il jetta sa bague. Il se crut le plus heureux de tous les

TABLES LES GRANDS PARLEURS ; CES SORTES D'HOMMES OU DE FEMMES, QUI, DURANT LES ENTRETIENS, ONT TOUJOURS LA BOUCHE OUVERTE, ET DONT LA CONVERSATION, COMME AUTREFOIS CELLE DU PHILOSOPHE ANAXIMÉNES, EST DE RÉPANDRE DANS LES COMPAGNIES UNE

hommes, quand il se fut débarrassé de ses pi-
quûres. Il s'abandonna à toutes les sottises qui
lui venoient dans l'esprit, en sorte qu'il devint
très-méchant, & que personne ne pouvoit plus
le souffrir.

Un jour que Chéri étoit à la promenade, il
vit une fille qui étoit si belle, qu'il résolut de
l'épouser. Elle se nommoit Zélie, & elle étoit
aussi sage que belle. Chéri crut que Zélie se
croiroit fort heureuse de devenir une grande
Reine; mais cette fille lui dit avec beaucoup
de liberté: Sire, je ne suis qu'une bergere, je
n'ai point de fortune; mais, malgré cela, je
ne vous épouserai jamais. Est-ce que je vous dé-
plais, lui demanda Chéri, un peu ému? Non,
mon Prince, lui répondit Zélie. Je vous trouve
tel que vous êtes, c'est-à-dire, fort beau; mais
que me serviroient votre beauté, vos richesses,
les beaux habits, les carrosses magnifiques que
vous me donneriez, si les mauvaises actions,
que je vous verrois faire chaque jour, me for-
çoient à vous mépriser & à vous haïr. Chéri se

RIVIERE DE PAROLES ET UNE GOUTE DE BON SENS.
SOYEZ MIEUX APPRIS, ET PLUS MODESTE. LAIS-
SEZ DIRE, QUAND VOUS AVEZ DIT : DONNEZ LE
LOISIR AUX AUTRES DE VOUS RÉPONDRE, ET
AYEZ LA FORCE DE VOUS TAIRE LORSQU'ILS PAR-
LENT. MONTREZ-LEUR QUE VOUS POUVEZ ÉCOU-

mit fort en colere contre Zélie, & commanda
à les Officiers de la conduire de force dans son
Palais. Il fut occupé toute la journée du mépris que cette fille lui avoit montré ; mais comme
il l'aimoit, il ne pouvoit se résoudre à la maltraiter. Parmi les favoris de Chéri, il y avoit
son frere de lait, auquel il avoit donné toute
sa confiance. Cet homme qui avoit les inclinations aussi basses que sa naissance, flattoit les
passions de son maître, & lui donnoit de fort
mauvais conseils. Comme il vit Chéri fort triste,
il lui demanda le sujet de son chagrin. Ce Prince
lui ayant répondu qu'il ne pouvoit souffrir le
mépris de Zélie, & qu'il étoit résolu de se corriger de ses défauts, puisqu'il falloit être vertueux
pour lui plaire, ce méchant homme lui dit : vous
êtes bien bon de vouloir vous gêner pour une
petite fille ; si j'étois à votre place, ajouta-t-il,
je la forcerois bien à m'obéir. Souvenez-vous
que vous êtes Roi, & qu'il seroit honteux de
vous soumettre aux volontés d'une Bergere, qui
seroit trop heureuse d'être reçue parmi vos escla-

TER À VOTRE TOUR, ET NE PERMETTEZ PAS
QU'ON PENSE DE VOUS CE QU'ON DISOIT DE CE
PHILOSOPHE, QU'AU LIEU DE DEUX OREILLES,
LA NATURE LUI AVOIT DONNÉ TROIS LANGUES.

ON MET ENCORE EN CE RANG DES PERSONNES
QU'ON A DE LA PEINE À SUPPORTER, CES AUTRES

ves. Faites-la jeûner au pain & à l'eau ; mettez-la dans une prison, & si elle continue à ne vouloir pas vous épouser, faites-la mourir dans les tourmens, pour apprendre aux autres à céder à vos volontés. Vous serez déshonoré si l'on sait qu'une simple fille vous résiste ; & tous vos sujets oublieront qu'ils ne sont au monde que pour vous servir. Mais, dit Chéri, ne ferai-je pas déshonoré, si je fais mourir une innocente ? car enfin Zélie n'est coupable d'aucun crime. On n'est point innocent, quand on refuse d'exécuter vos volontés, reprit le confident : mais je suppose que vous commettiez une injustice, il vaut bien mieux qu'on vous en accuse, que d'apprendre qu'il est quelquefois permis de vous manquer de respect, & de vous contredire. Le courtisan prenoit Chéri par son foible ; & la crainte de voir diminuer son autorité, fit tant d'impression sur le Roi, qu'il étouffa le bon mouvement qui lui avoit donné envie de se corriger. Il résolut d'aller le soir même dans la chambre de la bergere, & de la maltraiter, si elle continuoit à refuser

---

TOUS QUI NE PEUVENT PARLER, NI MÊME SOUFFRIR QU'ON LEUR PARLE D'AUTRES CHOSES QUE DE LEURS PROPRES LOUANGES : QUI SEMBLENT NE RIEN SAVOIR, SINON L'HISTOIRE DE LEUR FORTUNE ET DE LEURS ACTIONS. LE PIS EST QU'ILS VEULENT QUE LES AUTRES NE SACHENT

de l'époufer. Le frere de lait de Chéri, qui craignoit encore quelque bon mouvement, raffembla trois jeunes Seigneurs auffi méchans que lui, pour faire la débauche avec le Roi ; ils foupe‑rent enfemble, & ils eurent foin d'achever de troubler la raifon de ce pauvre Prince, en le faifant boire beaucoup. Pendant le fouper ils exciterent fa colere contre Zélie, & lui firent tant de honte de la foibleffe qu'il avoit eue pour elle, qu'il fe leva comme un furieux, en jurant qu'il alloit la faire obéir, ou qu'il la feroit ven‑dre le lendemain comme une efclave.

Chéri étant entré dans la chambre où étoit cette fille, fut bien furpris de ne la pas trouver ; car il avoit la clef dans fa poche. Il étoit dans une co‑lere épouvantable, & juroit de fe venger fur tous ceux qu'il foupçonneroit d'avoir aidé Zélie à s'é‑chapper. Ses confidens l'entendant parler ainfi, réfolurent de profiter de fa colere, pour perdre un Seigneur qui avoit été Gouverneur de Chéri. Cet honnéte homme avoit pris quelquefois la li‑berté d'avertir le Roi de fes défauts, car il l'aimoit,

---

RIEN AUSSI QUE CETTE MÊME HISTOIRE ; ILS LA RACONTENT A TOUT LE MONDE ; ET QUOIQU'ILS LA REDISENT SANS CESSE, ILS OUBLIENT TOU‑JOURS DE L'AVOIR DITE, ET LA RECOMMENCENT À CHAQUE RENCONTRE.

LES PERSONNES QUI SE VANTENT NE VALENT

comme si c'eût été son fils. D'abord Chéri le remercioit ; ensuite il s'impatienta d'être contredit, & puis il pensa que c'étoit par esprit de contradiction que son Gouverneur lui trouvoit des défauts, pendant que tout le monde lui donnoit des louanges. Il lui commanda donc de se retirer de la Cour ; mais, malgré cet ordre, il disoit de tems en tems que c'étoit un honnête homme, qu'il ne l'aimoit plus, mais qu'il l'estimoit, malgré lui-même. Les confidens craignoient toujours qu'il ne prît fantaisie au Roi de rappeller son Gouverneur, & ils crurent avoir trouvé une occasion favorable pour l'éloigner. Ils firent entendre au Roi que Suliman (c'étoit le nom de ce digne homme) s'étoit vanté de rendre la liberté à Zélie : trois hommes corrompus par des présens, dirent qu'ils avoient ouï tenir ce discours à Suliman ; & ce Prince, transporté de colere, commanda à son frere de lait d'envoyer des soldats pour lui amener son Gouverneur enchaîné comme un criminel. Après avoir donné ces ordres, Chéri se retira dans sa chambre : mais à peine y fut-il entré que la terre

---

GUERE MIEUX EN COMPAGNIE QUE CELLES QUI SENTENT MAUVAIS. C'EST UNE FACHEUSE AVENTURE POUR UN HOMME D'HONNEUR DE SE TROUVER ENTRE LES DEUX, ET N'OSER FUIR.

LE PIS NÉANMOINS N'EST PAS DE DEMEURER LA, ET D'ÉCOUTER LEURS SOTISES : CE SEROIT

trembla.

trembla. Il fit un grand coup de tonnere, & Candide parut à ſes yeux. J'avois promis à votre pere, lui dit-elle d'un ton ſévere, de vous donner des conſeils & de vous punir ſi vous refuſiez de les ſuivre; vous les avez mépriſés, ces conſeils: vous n'avez conſervé que la figure d'homme, & vos crimes vous ont changé en un monſtre, l'horreur du Ciel & de la terre. Il eſt tems que j'acheve de ſatisfaire à ma promeſſe, en vous puniſſant. Je vous condamne à devenir ſemblable aux bêtes, dont vous avez pris les inclinations. Vous vous êtes rendu ſemblable au lion, par la colere; au loup, par la gourmandiſe; au ſerpent, en déchirant celui qui avoit été votre ſecond pere; au taureau, par votre brutalité. Portez dans votre nouvelle figure le caractere de tous ces animaux. A peine la Fée avoit-elle achevé ces paroles, que Chéri ſe vit avec horreur tel qu'elle l'avoit ſouhaité. Il avoit la tête d'un lion, les cornes d'un taureau, les pieds d'un loup & la queue d'une vipere. En même-tems, il ſe trouva dans une grande forêt, ſur le bord d'une fontaine,

---

DE PRENDRE LEUR MAL, ET DE CONTRACTER, A LEUR EXEMPLE, L'HABITUDE DE PARLÉR DE VOUS, ET DE VOUS VANTER VOUS-MÊMES. SOUFFREZ-LES; MAIS NE LES IMITEZ PAS.

AYEZ POUR MAXIME, QU'IL EST INCOMPARABLEMENT MOINS HONTEUX D'ÉTRE BLAMÉ ET

où il vit fon horrible figure ; & il entendit une voix qui lui dit : regarde attentivement l'état où tu t'es reduit par tes crimes. Ton ame eft devenue mille fois plus affreufe que ton corps. Chéri reconnut la voix de Candide, & dans fa fureur, il fe retourna pour s'élancer fur elle & la dévorer, s'il lui eût été poffible ; mais il ne vit perfonne, & la même voix lui dit : je me moque de ta foibleffe & de ta rage ; je vais confondre ton orgueil, en te mettant fous la puiffance de tes propres fujets.

Chéri crut qu'en s'éloignant de cette fontaine, il trouveroit du remede à fes maux, puifqu'il n'auroit point devant fes yeux fa laideur & fa difformité : il s'avançoit donc dans le bois ; mais à peine y eut-il fait quelques pas, qu'il tomba dans un trou qu'on avoit fait pour prendre les ours ; en même-tems des chaffeurs qui étoient cachés fur des arbres, defcendirent & l'ayant enchaîné, le conduifirent dans la Ville capitale de fon Royaume. Pendant le chemin, au lieu de reconnoître qu'il s'étoit attiré ce châtiment par fa faute, il

---

MOQUÉ DES AUTRES, QUE DE SE LOUER SOI-MÊME. LES IMPOSTEURS ET LES LIBERTINS ONT SOUVENT BLAMÉ, ET ACCUSÉ LES SAGES; JAMAIS AUCUN SAGE NE S'EST LOUÉ.

ON MET ENCORE DANS CE MÊME RANG LES BOUFFONS TÉMÉRAIRES ET ÉTOURDIS, QUI NE

maudiſſoit la Fée, il mordoit ſes chaînes & s’aban-
donnoit à la rage. Lorſqu’il approcha de la Ville
où on le conduiſoit, il vit de grandes réjouiſſan-
ces; & les chaſſeurs ayant demandé ce qui étoit
arrivé de nouveau, on leur dit, que le Prince
Chéri, qui ne ſe plaiſoit qu’à tourmenter ſon peuple, avoit été écraſé dans ſa chambre par un coup
de tonnerre, car on le croyoit ainſi. Les Dieux,
ajouta-t-on, n’ont pu ſupporter l’excès de ſes mé-
chancetés, ils en ont délivré la terre. Quatre Seigneurs, complices de ſes crimes, croyoient en
profiter & partager ſon Empire entr’eux : mais le
peuple qui ſavoit que c’étoit leurs mauvais conſeils qui avoient gâté le Roi, les a mis en pieces,
& a été offrir la couronne à Suliman, que le méchant Chéri vouloit faire mourir. Ce digne Seigneur vient d’être couronné, & nous célébrons
ce jour comme celui de la délivrance du Royaume ; car il eſt vertueux & va ramener parmi nous
la paix & l’abondance. Chéri ſoupiroit de rage en
écoutant ce diſcours; mais ce fut bien pis, lorſqu’il arriva dans la grande place, qui étoit devant

---

PEUVENT PARLER SANS RAILLER ; NI RAILLER SANS
OFFENSER CEUX QUI LES ÉCOUTENT.

IL EST VRAI QUE LES RAILLERIES MODESTES
ET HONNÊTES, SONT LE SEL NÉCESSAIRE A NOS
CONVERSATIONS, QUI SE CORROMPENT AISÉMENT,
ET QUI DEVIENNENT INSIPIDES ET ENNUYEUSES.

son Palais. Il vit Suliman sur un thrône superbe, & tout le peuple qui lui souhaitoit une longue vie, pour réparer tous les maux qu'avoit faits son Prédécesseur. Suliman fit signe de la main pour demander silence, & dit au peuple; j'ai accepté la couronne que vous m'avez offerte, mais c'est pour la conserver au Prince Chéri; il n'est point mort, comme vous le croyez; une Fée me l'a révélé, & peut-être qu'un jour vous le reverrez vertueux comme il étoit dans ses premieres années. Hélas ! continua-t-il en versant des larmes, les flatteurs l'avoient séduit. Je connoissois son cœur, il étoit fait pour la vertu; & sans les discours empoisonnés de ceux qui l'approchoient, il eût été votre pere à tous. Détestez ses vices; mais plaignez-le, & prions tous ensemble les Dieux qu'ils nous le rendent: pour moi je m'estimerois trop heureux d'arroser ce thrône de mon sang, si je pouvois l'y voir remonter avec des dispositions propres à le lui faire remplir dignement.

Les paroles de Suliman allerent jusqu'au cœur de Chéri. Il connut alors combien l'attachement

---

LORSQU'ON N'Y RIT PAS: MAIS TROP DE CE SEL EST BIEN PIS QUE POINT DU TOUT: ET REMARQUEZ QUE CE TROP, N'EST PAS LOIN DU PEU. IL FAUT BIEN DE LA SAGESSE POUR SE TENIR DANS LA MODÉRATION, ET POUR NE POINT PASSER JUSQES A L'EXCÈS.

& la fidélité de cet homme avoient été finceres,
& il fe reprocha fes crimes pour la premiere fois.
A peine eut-il écouté ce bon mouvement, qu'il
fentit calmer la rage dont il étoit animé : il réflé-
chit fur tous les crimes de fa vie, & trouva qu'il
n'étoit pas puni auffi rigoureufement qu'il l'avoit
mérité. Il ceffa donc de fe débattre dans fa cage de
fer où il étoit enchaîné, & devint doux comme
un mouton. On le conduifit dans une grande maifon (Ménagerie) où l'on gardoit tous les monftres
& les bêtes féroces, & on l'attacha avec les autres.

Chéri alors prit la réfolution de commencer à
réparer fes fautes, en fe montrant bien obéiffant
à l'homme qui le gardoit. Cet homme étoit un bru-
tal, & quoique le monftre fût fort doux, quand
il étoit de mauvaife humeur, il le battoit fans raifon. Un jour que cet homme s'étoit endormi,
un tigre qui avoit rompu fa chaîne, fe jetta fur lui
pour le dévorer. D'abord Chéri fentit un mouvement de joie de voir qu'il alloit être délivré de
fon perfécuteur; mais auffi-tôt il condamna ce
mouvement, & fouhaita d'être libre. Je rendrois,

ÉCUEIL CHAMPIGNON BECFIGUE
C'EST EMBROUILLEMENT LA PHLEG-
MATIQUE SIMPLES CITOYEN POSSES-
SIONS QUANTIÉME GÊNES ÉTEIGNI-
RENT VIGILE RÉSISTANCE COURA-

dit-il, le bien pour le mal, en fauvant la vie de
ce malheureux. A peine eut-il formé ce fouhait,
qu'il vit fa cage de fer ouverte : il s'élança aux
côtés de cet homme qui s'étoit réveillé, & qui
fe défendoit contre le tigre. Le gardien fe crut
perdu, lorfqu'il vit le monftre ; mais fa crainte fut
bientôt changée en joie : ce monftre bienfaifant fe
jetta fur le tigre, l'étrangla & fe coucha enfuite
aux pieds de celui qu'il venoit de fauver. Cet homme, pénétré de reconnoiffance, voulut fe baiffer
pour careffer le monftre qui lui avoit rendu un fi
grand fervice ; mais il entendit une voix qui difoit : *une bonne action ne demeure jamais fans ré-*
compenfe, & en même-tems il ne vit plus qu'un
joli chien à fes pieds. Chéri, charmé de fa méta-
morphofe, fit mille careffes à fon Gardien, qui le
mit entre fes bras & le porta au Roi auquel il ra-
conta cette merveille. La Reine voulut avoir le
chien, & Chéri fe fût trouvé heureux dans fa
nouvelle condition, s'il eût pu oublier qu'il étoit
homme & Roi. La Reine l'accabloit de careffes ;
mais dans la peur qu'elle avoit qu'il ne devînt plus

CEUX BROUILLERIE AFFOIBLIR IM-
PORTUN SPONGIEUSE ÉLARGIR BA-
LANCER TERMINANT VESTIGE GRI-
FONAGE CES TROMPETTES PLAGIAI-
RE PARAPHRASER AUGURER SŒURS

grand qu'il n'étoit, elle consulta ses Médecins, qui lui dirent qu'il ne falloit le nourrir que de pain, & ne lui en donner qu'une certaine quantité. Le pauvre Chéri mouroit de faim la moitié de la journée; mais il falloit prendre patience.

Un jour qu'on venoit de lui donner son petit pain pour déjeûner, il lui prit fantaisie d'aller le manger dans le jardin du Palais; il le prit dans sa gueule, & marcha vers un canal qu'il connoissoit & qui étoit un peu éloigné; mais il ne trouva plus ce canal, & vit à la place une grande maison dont les dehors brilloient d'or & de pierreries. Il y voyoit entrer une grande quantité d'hommes & de femmes magnifiquement habillés: on chantoit, on dansoit dans cette maison, on y faisoit bonne chere; mais tous ceux qui en sortoient, étoient pâles, maigres, couverts de plaies & presque tout nuds: car leurs habits étoient déchirés par lambeaux. Quelques-uns tomboient morts en sortant, sans avoir la force de se traîner plus loin: d'autres s'éloignoient avec beaucoup de peine: d'autres restoient couchés contre terre, mourant de faim:

———————————————————

GIMBLETTE SPLENDEUR GOURMAN-
DES SEMAILLE ANGULAIRE PHYSIO-
NOMIE PRÉFIXION CONCLAVE DES
GAGNOIS CHACUN COËFÉE AFFEC-
TEZ REÇOIT TES SCHISMATIQUE

ils demandoient un morceau de pain à ceux qui
entroient dans cette maison ; mais ils ne les regar-
doient pas feulement. Chéri s'approcha d'une
jeune fille qui tâchoit d'arracher des herbes pour
les manger. Touché de compaffion, le Prince
dit en lui-même : j'ai bon apétit, mais je ne
mourrai pas de faim jufques au tems de mon dîner ; fi je facrifiois mon déjeûner à cette pauvre
créature, peut-être lui fauverois-je la vie. Il réfolut de fuivre ce bon mouvement, & mit fon pain
dans la main de cette fille, qui le porta à fa bouche avec avidité. Elle parut bientôt entiérement
remife, & Chéri ravi de joie de l'avoir fecourue
fi à propos, penfoit à retourner au Palais, lorfqu'il entendit de grands cris. C'étoit Zélie entre
les mains de quatre hommes, qui l'entraînoient
vers cette belle maifon, où ils la forcerent d'entrer. Chéri regretta alors fa figure de monftre qui
lui auroit donné les moyens de fecourir Zélie ;
mais foible chien, il ne put qu'aboyer contre
fes ravifleurs, & s'efforça de les fuivre. On le
chaffa à coups de pieds, & il réfolut de ne point

RÉVÉRENCIEUX PARFUMS SAGESSE
HARDIMENT RÉLÉGUEMENT COM-
TESSE ENDOCTRINOIENT EXÉCRA-
TION GAMBADIEZ LA PRÉCEPTEUR
JEUNERONT CAISSE MOI CINGLOIT

quitter ce lieu, pour savoir ce que deviendroit Zélie. Il se reprochoit les malheurs de cette belle fille. Hélas ! disoit-il en lui-même, je suis irrité contre ceux qui l'enlevent ; n'ai-je pas commis le même crime ? Et si la justice des Dieux n'avoit prévenu mon attentat, ne l'aurois-je pas traitée avec autant d'indignité ?

Les réflexions de Chéri furent interrompues par un bruit qui se faisoit au-dessus de sa tête. Il vit qu'on ouvroit une fenêtre, & sa joie fut extrême lorsqu'il apperçut Zélie qui jettoit par cette fenêtre un plat plein de viandes si bien apprêtées, qu'elles donnoient apétit à voir. On referma la fenêtre aussi-tôt, & Chéri qui n'avoit pas mangé de toute la journée, crut qu'il devoit profiter de l'occasion. Il alloit donc manger de ces viandes, lorsque la jeune fille à laquelle il avoit donné son pain, jetta un cri, & l'ayant pris dans ses bras ; pauvre petit animal, lui dit-elle, ne touche point à ces viandes ; cette maison est le Palais de la volupté ; tout ce qui en sort est empoisonné. En même-tems, Chéri entendit une voix qui disoit : tu vois

---

ESSAYÉ NÉGATION ACTIVITÉ CELUI ŒIL EXALTERONT RANCUNES PIL-LAGE MIGNONETES AGACE SINTAXE POUVOIR RESSEMBLENT CAISSON MARÉCAGES CONFISQUANT DES

qu'une bonne action ne demeure point fans récom-
penfe ; & auffi-tôt il fut changé en un beau petit
pigeon blanc. Il fe fouvint que cette couleur étoit
celle de Candide , & commença à efpérer qu'elle
pourroit enfin lui rendre fes bonnes graces. Il voulut d'abord s'approcher de Zélie, & s'étant élevé
en l'air, il vola tout au tour de la maifon , & vit
avec joie qu'il y avoit une fenêtre ouverte ; mais
il eut beau parcourir toute la maifon, il n'y trouva
point Zélie, & défefpéré de fa perte, il réfolut
de ne point s'arrêter qu'il ne l'eût rencontrée. Il
vola pendant plufieurs jours ; & étant entré dans
un défert, il vit une caverne de laquelle il s'approcha. Quelle fut fa joie ! Zélie y étoit affife à
côté d'un vénérable Hermite, & prenoit avec lui
un frugal repas. Chéri tranfporté vola fur l'épaule
de cette charmante bergere, & exprimoit par fes
careffes le plaifir qu'il avoit de la voir. Zélie, char-
mée de la douceur de ce petit animal, le flattoit
doucement avec la main ; & quoiqu'elle crût qu'il
ne pouvoit l'entendre, elle lui dit qu'elle accep-
toit le don qu'il lui faifoit de lui-même , & qu'elle

CRAMPONOIT SCORPION SOUVIENNE
CAMPHRE PSEAUTIER GINGEMBRE
RESTRAINDRE MANTEAU GOUDRON-
NER FUSTIGEONS CHRONOLOGISTE
GOITRE EXISTANTE ABBATTENT DI-

l'aimeroit toujours. Qu'avez-vous fait, Zélie ? lui dit l'Hermite ; vous venez d'engager votre foi. Oui, charmante Bergere, lui dit Chéri, qui reprit à ce moment sa forme naturelle, la fin de ma métamorphose étoit attachée au consentement que vous donneriez à notre union. Vous m'avez promis de m'aimer toujours, confirmez mon bonheur, ou je vais conjurer la Fée Candide, ma protectrice, de me rendre la figure sous laquelle j'ai eu le bonheur de vous plaire. Vous n'avez point à craindre son inconstance, lui dit Candide, qui, quittant la forme de l'Hermite sous laquelle elle s'étoit cachée, parut à leurs yeux telle qu'elle étoit en effet. Zélie vous aima aussi-tôt qu'elle vous vit ; mais vos vices la contraignirent à vous cacher le penchant que vous lui aviez inspiré. Le changement de votre cœur lui donne la liberté de se livrer à toute sa tendresse. Vous allez vivre heureux, puisque votre union sera fondée sur la vertu.

Chéri & Zélie s'étoient jettés aux pieds de Can-

VULGANT CANON ACCUEILLE FACILES TRIOMPHATEUR SCRUPULEUSEMENT BALAY C'EST SCRUTINS DOIT FAIM CŒUR RECHIGNERA ARTIFICIEL CORNEILLE ILS CELLE PARCEQUE AGDE NUPTIALE EXHUMAT.

dide. Le Prince ne pouvoit fe laffer de la remercier de fes bontés, & Zélie, enchantée d'apprendre que le Prince déteftoit fes égaremens, lui
confirmoit l'aveu de fa tendreffe. Levez-vous,
mes enfans, leur dit la Fée : je vais vous tranf-
porter dans votre Palais, pour rendre à Chéri une
couronne de laquelle fes vices l'avoient rendu in-
digne. A peine eut-elle ceffé de parler, qu'ils fe
trouverent dans la chambre de Suliman, qui,
charmé de revoir fon cher maître devenu vertueux, lui abandonna le thrône & refta le plus
fidele de fes fujets. Chéri régna long-tems avec
Zélie, & on dit qu'il s'appliqua tellement à fes
devoirs, que la bague qu'il avoit reprife, ne le
piqua pas une feule fois jufqu'au fang.

TABLE

*Par le moyen de laquelle on apprendra aux Enfans
à lier toutes fortes de mots fur lefquels on les
exercera beaucoup avant que de les faire paffer
aux phrafes fuivantes.*

bien utile	*fe prononce comme*	bien-n'utile.
mes amis	*s'il y avoit*	mes-z'amis.
elle arrive	. . . .	el-l'arrive.
doit être	. . . .	doi-t'être.
fon habit	. . . .	fon n'habit.

deux épées	deux z' épées.
trop entêté	tro-p'entêté
l'un & l'autre	l'un-n'et l'autre.
grand homme	grand-t'homme.
dix écus	dix-z'écus.
très-habile	très-z'habile.
on enfeigne	on-n'enfeigne.
aux autres	aux-z' autres.
en étourdi	en-n'étourdi.
après avoir	après-z' avoir.
un infenfé	un n'infenfé.
cinq affiettes	cinq-qu'affiettes.
avec efprit	avec-qu'efprit.
pas étonnant	pas-z' étonnant.

PHRASES

Compofées de toutes fortes de Liaifons de Mots.

Des habits enrichis de diamans & de perles.
C'eft-à-dire qu'on n'avoit point averti les autres.
On ne pouvoit y entrer fans en être étonné.
On parle encore de cet adorable temple.

C'eſt être un grand impie que d'y ajoûter foi.
Elle eſt aſſez ouverte pour qu'on y puiſſe entrer.
Des turbans abbattus, & des ennemis épouvantés.
On croyoit être dans un autre endroit.
Juſques alors on ſe le diſoit les uns aux autres.
Tantôt il paroiſſoit au milieu de ſes amis.
Il eſt à préſent quatre à cinq heures au moins.
On entendit comme un concert dans les airs.
Après avoir enſeigné ſept heures entieres.
Des hiſtoriens inſipides nous ont dit mal à propos.
C'eſt ainſi que les Avares penſent ordinairement.
Son amour ne pouvoit être mieux exprimé.
On a dit ici qu'il avoit arrêté les ennemis.
Quand elle vint à conſidérer ſon ambition.
Travaillez avec aſſez de fruit pour y arriver.
Son naturel angélique étonnoit ſes ennemis.
On y voyoit auſſi des ouvrages très-utiles.
Son ami mourut bien avant ſon établiſſement.
Huit heures ſont ſonnées, mais il n'en eſt pas neuf.
Il y en a ſept à moi, trois à vous & deux à moi.
Il eſt trop aimable pour ne pas être de la partie.
Ses yeux ſont affreux, car ils lui ſortent de la tête.
Peut-on vous en croire après ce qu'ils ont dit.
L'un ou l'autre ſe trompe, ou ment impunément.
Grande amitié en apparence & puis c'eſt tout.
Il n'eſt pas allé en Italie comme on le diſoit.
Quand il diroit autre choſe, le croiroit-on ?
Dix écus ſont aſſez pour un auſſi petit objet.
Voyez ſon étonnement, ſes yeux en ſont égarés.
Peut-être eſt-il en chemin pour arriver.
Chacun en a pris aux environs de cette armée.
Il eſt trop eſtimable & trop humain pour cela.

Son esprit n'a point encore eu son égal.

Huit & quatre font douze en tout pays.

Elle a là une bonne amie dont elle est héritiere.

C'est autant à vous qu'à ces deux hommes.

Deux ennemis font bien plus à craindre qu'un.

Si leurs affaires font ainsi, il faut en avoir raison.

Avec autant de sagesse qu'un ange en auroit eu.

Peut-être n'est-il pas encore arrivé.

On passoit agréablement les jours & les nuits à cela.

Il n'a rien appris en son bas âge, sinon qu'il étoit.

Sait-on s'il vient aujourd'hui de la campagne ?

Cet air Royal & céleste qui paroissoit en lui.

Plus on y pense & moins on y trouve de reméde.

C'est un homme trop aimable pour n'être pas aimé.

Les uns & les autres penserent bien autrement.

Ce n'est pas un malheur que d'être inconnu.

Je suis avec un homme qui vaut bien autant.

Je me consolois autrefois en lisant avec eux.

Je m'occupe ainsi à les expliquer de tems en tems.

Il n'y a jamais eu un plus grand homme en aucun arts.

Il m'en est venu deux ou trois à cinq heures.

Comme il faisoit en des endroits plus éloignés.

On y entend beaucoup de bruit & on n'y voit rien.

C'étoit en effet un plus grand avantage pour eux.

Quelques heures après on y arrivoit en foule.

Plus propres encore à élever son esprit au Ciel.

Des grotes & des eaux étoient tout autour delà.

La politique & la morale dont il a rempli son ouvrage.

En travaillant à mon histoire j'y ai observé.

Sans eux peut-être qu'il auroit été plus ami.

Un Écrivain des plus estimés disoit autrefois.

Pour bien écrire, il faut savoir bien effacer.

Il ne peut être assez lu, ni assez expliqué.
Il y renferme en un seul mot des vérités infinies.
Il faut auparavant vous dire deux ou trois paroles.
Sa hardiesse, son esprit & ses autres qualités.
Quelle est l'excellence & la force de ses idées.
Il conduit un homme jusques à la régle de ses actions.
Les autres ont beaucoup écrit sur ses entretiens.
Salomon, disent-ils, fut un Roi que tous aimerent.
Et que pas un n'aima sans être encore plus aimé.
Dieu, dit-elle, vous a fait Roi pour aimer vos sujets.
C'est un enfant spirituel & doué d'une belle ame.
On apprit en le voyant combien il étoit néceffaire.
On le met ordinairement dans un appartement.
Il eut un courage au-deffus des plus héroïques.
Combien il étoit doux & honorable de lui obéir.
Nous avons vu qu'il avoit la main à son épée.
C'étoit affez d'aller vaincre un ennemi.
Il eut alors de grandes & de puiffantes armées;
Mais on ne les mit point en campagne.
On attendoit auffi que vous fuffiez arrivé.
Les Étrangers connurent alors qu'ils étoient.
Bientôt il découvrit aux yeux des hommes.
La dévotion & la fageffe lui ayant ouvert les yeux.
Vous y trouverez ce qu'il y a de mieux au monde.
Les grandeurs imaginaires font une occafion.
Je puis ajoûter que le plus heureux des hommes.
Entre autre il fit deux actions éclatantes.
Ces ouvrages étoient des Indes Orientales.
Des extrémités du monde on arrivoit ici.
Son grand efprit y brilloit à son tour.
Un grand exemple fervit à calmer les autres.
On dit ici que vous changez en or & en argent.

RÉFLÉXIONS

RÉFLÉXIONS PRÉLIMINAIRES

Sur la lecture du Latin.

LA lecture du Latin n'est pas si difficile ni si opposée à celle du François qu'on se l'imagine ordinairement. Ce n'est pas néanmoins que j'approuve la méthode de certains Maîtres, tels que sont ceux du Bureau Typographique, qui ont coutume d'enseigner l'une & l'autre tout à la fois en même-tems, ou même de faire précéder la lecture du Latin à celle du François. Je juge au contraire cet usage dangereux, & je pense qu'il ne faut faire passer un Enfant à la lecture du Latin, que lorsqu'on le voit si bien affermi dans la lecture du François, que rien ne soit capable de l'arrêter. Les préjugés que l'on a sur la difficulté de lire le Latin, ne doit leur naissance qu'à l'ancienne méthode qui emploie presque autant de tems à cette lecture qu'à celle du François. Cela ne peut être autrement, & je conviens qu'à envisager la chose de ce côté là, les préjugés sont bien fondés ; mais j'ose dire que la Méthode que je propose, est propre à les dissiper parfaitement : & je me flatte que l'on conviendra que, dès qu'on est instruit de ses principes pour la lecture du François, on surmonte bientôt les difficultés dont la lecture du Latin est accompagnée.

Instruction sur la maniere d'enseigner à lire très-promptement le Latin.

1°. On dira d'abord en général à l'Enfant que la lecture du Latin est la même que celle du François, à cette différence près, que presque toutes les lettres se font sentir dans la prononciation Latine : au lieu que dans la Françoise il arrive très-souvent, comme il a dû le remarquer lui-même, que des lettres sont employées sans rendre cependant à l'oreille leur son naturel, comme dans

ces mots, *crimes* , *simples*, où la lettre finale *s* ne fe
fait point entendre quoiqu'on la prononce dans le Latin comme s'il y avoit effectivement *crimaisse*, *sim-
plaisse*, &c.

2°. Que les sons *in*, *an*, *on*, *am*, *im*, &c. se prononcent
presque toujours comme en François, lorsqu'ils commencent les mots, quoique à la fin, ils se prononcent
différemment, c'est-à-dire, en rendant à l'oreille le son
de toutes les lettres qui les composent. Exemple, *non*,
vim, *lunam*, *carnis*, *cœlos*, *disponet*, &c.

TABLE DES SONS LATINS.

*Parmi lesquels il s'en trouve peu qui ne rendent à
l'oreille le son des lettres qui les composent.*

Un dé . . e œ æ	Un raisin . . en ens
Une veste . . est	Un . . une nunc
Une caisse . . . es	. . tunc cunc hunc
Une ville . . . ill	un cha*ssis* . . . ti
Une fourchette . & et	Une perru *que* . . ch
Un homme . . . um	Du su *cre* . . . chr
Une dame am em im om	Un ambi *gu* . . gu
Une danse ans ins ons	Des fa *gots* . . . gu
. . ant int ent ont	Un é *cu* . . . qu
Une canne. . an en in on	Des abri *cots* . . qu
Un mouton.. un uns unt	Une guenon *guena*.. gu

Les mêmes Sons Latins mêlés en deux ordres différens.

Premier Ordre.

unt eſt hunc gu int em un e ant om ti es
nunc an qu ons œ ga unt on uus & ch ens
um ill tunc ans am qu œ in un chr & im et
eſt gn ent cunc um ins ont.

Second Ordre.

gu un om hunc an œ on um am in & ent
et ont nunc eſt em ant es ons ont ens tunc
œ chr uns gn ins uns int e ti qu gn cunc
ch ill qu & un im um ans.

TABLE DE SYLLABES LATINES

Dans laquelle chaque terminaiſon eſt exprimée plusieurs fois, afin d'affermir promptement les Enfans ſur la lecture des mots latins, même les plus difficiles.

e

be ſe ge le che cre gne fle pe me tre de cle
je ille fre ne ple dre phe ſe bre ve te pre gle
epſ ſte ſtre vre ble re cte xe ze pte.

es

bes fes ges les ches cres gnes fles pes mes tres
des cles illes fres nes ples dres phes ſes bres
ves tes pres gles ſpes ſtes ſtres gres vres bles
res ctes xes zes ptes jes.

ill

illam illas ille illa illos illud illic illum illius illinc illæ illis illes illuc illorum illarum illæ.

œ

bœ fœ jœ lœ chœ crœ gnœ flœ pœ mœ trœ dœ clœ frœ nœ plœ.

eſt

beſt feſt geſt leſt cheſt creſt gneſt fleſt peſt meſt treſt deſt cleſt freſt.

qu *ou* co

quo qua quam quas quos quot quod quat qua quant quar quas quot quat quar quum quo quam quunt quos quod quant qua quot quar quum quant quos quam quunt quo quas quam quod quant quos qua quot quar quo quunt quod quar qua quant quam quos quant quot quum quos qua quas quod quant qua quot quar quo quunt quat qua quod quot quam quo quant quar.

qu *ou* cu

qui quem quinque quid quæ quis quent quens quit ques quim quint quet quin quem que quin quens quæ quint quæ ques qui quin quid quent quit quim ques quis quet quin quem que ques qui quem quens quid quis quet quin quem quens quæ quet qui.

ch

cha chi chu chunt chim chor chas chos chans
chis che cho chant cham chir chas cher chem
chos chans chis chim cher chum chæ chunt.

chr

chre chris chram chras chrunt chri chres
chrum chris chros chrons chret chres chrus
chrans chret chrens chrunt chro chræ chrent
chrum chres chram chron chres chræ chrent
chrunt.

æ

dræ præ fæ bræ væ tæ præ glæ spæ flæ græ
vræ blæ ræ flæ xæ.

gu *ou* gû

gue gues guem guim guens gui guæ guent gues
guæ guem guens guet guen gue gues guim guæ
guent guim gues guem guens guæ.

gu *ou* go

guam guas gunt guant gua guans guo guant
gunt guax guat guar guant guas gunt guam
guat guax guans guam gua guant guat guos
guat guas guant guax guo gunt.

am

guam nam plam dram pham fam bram vam
tam pram glam fquam chram quam.

H 3

em

ſpem ſtem ſtrem chrem grem quem vrem rem
blem clem zem xem bem ſem ptem guem.

im

lim gim chim crim gnim ſlim chrim pim mim
trim quim dim clim frim guim nim ſquim.

gn

gna gni gnens gnet gne gnu gno gner gnunt
gnes gnæ gnam gnor gnent gnim gnans gnem
gnant gnos gnunt gnas gnis gnus guet gnum
grat guem guent gnes gnal gnis gnæ gnas
gnam gnunt gnæ gnes gnum gnens gnum guet
gnes gnunt guat.

unc *comme* unque

unc nunc tunc cunc hunc hac hæc cunc hic
nunc hoc tunc hac hinc nunc hanc illinc tunc
iſtinc cunc illuc hunc illuc cunc hanc illic hunc
illinc hæc tunc hac nunc illuc cunc illic hoc
tunc illinc hanc nunc.

ci *ou* ti

tia tiæ tiam tiis tiarum tias tium tii tius tio
tiens tians ties tiu tiem tiim tie tios ties tient
tium tiæ tiunt tians ties tii tient tiam tiint
ties tiint tiens tium tient tiem ties tium.

om

plom drom phom guom ſom brom vom tom

prom glom squom spom chom stom strom
chrom grom quom gnom.

an

vran blan chran ran chan guan zan ptan xan
ban fan gan lan chan quan cran van guam flan
pan squan chan.

en

men tren den chren clen fren guen nen plen
dren phen chen fen quen bren ven ten pren
glen squen guen.

in

spin stin grin strin quin vrin blin rin chin xin
guin chrin gnin zi ptin bin fin gin lin.

on

chon cron gnon chron flon pon mon tron don
non clon fron guon plon dron phon quon
fon lon squon.

um

blum rum chum ptum xum fum brum vum
tum prum cum glum squum spum stum grum
quum vrum cum strum bum fum guum lum
chum crum gnum flum pum mum cum lum
chrum gnum cum plum.

un

bun fun gun lun cun crun gnum chun flun
pun mun cunc trun dun clun frun guun cunc
fun run lun.

ans

nans plans drans phans fans chrans brans vans
tans prans glans fquans fpans ftans grans bans
gnans ftrans plans.

ens

quens vrens blens rens chrens ctens xens zens
ptens bens fens tens gens lens chens crens
gnens plens dens.

ons

flons pons mons trons dons clons frons guons
nous plons fons gons drons chons phons fons
brons vons tons.

et

net tet gret chet gnet det quet met plet net
ftet get guet quet get fet blet cet cret.

ant

prant glant fquant fpant grant quant gnant
ftant vrant ftrant blant cant guant vant chrant
ctant rant xant ptant zant gant bant.

ent

bent fent gent lent chent crent gnent flent
pent guent ment trent dent clent chrent
frent guent nent ftent phent bent lent flent
crent dent.

int

plint drint phint fint chrint brint vint tint pint

glint fquint guint fpint grint ftint quint vrint
guint plint.

unt

blunt runt chrunt ctunt xunt zunt ptunt bunt
funt guunt lunt chunt crunt gnunt flunt punt
munt trunt dunt clunt frunt guunt nunt plunt
drunt phunt crunt funt brunt vunt tunt prunt
glunt fquunt fpunt ftunt quunt runt ctunt funt
guunt funt drunt.

PIÉCE

DE LECTURE LATINE,

*Dans laquelle toutes les terminaisons des Mots
Latins sont répétées par différens Mots.*

Vide charitatibus villam satiatur qui familiæ
christianis est columnam veniet prudentiæ quo
& timebunt cœlestibus hac christianus reverentiam nunc languidus dicens experientiis noctem
sedes legerint ineptias in chorus exundantem
confluentium fulgent vim potius probationum
amant omnes hæc non mutaverunt negotiantem
cum mutans magnus lumen nunc an linguam
reverentiam.

Germinare eucharistia humillimas absentia notæ
quem & christe columbam amet adolescentiæ le-
gunt hic cœlectium qua christum insolentiam tunc
languens violentiis docens septem comes docue-

rint impatientias mons fecunditate chori viven-
tium legent audiverim diutius credant communis
hoc dilineationis nonne adeuntium negotiantium
putans magnum femen tunc annus linguas erunt
abfentia

Generatio machinabatur illæ fentiamur quin
præfentium chriftianos eft huc facundiam licet
magnificentiæ audiunt cœcarum quam antichrif-
tum malitiam hunc languet legens & opulentiis
languentem dies fint delicias fons loquuntur choro
præfentium mulcent docuerim citius hac igno-
rant expectatio omnia nonnullus morbum nego-
tiantibus amans magnopere nomen fuerunt hunc
annales linguarum

Eatur chartarius ancillas ingentia alioquin fen-
tentiæ chriftus & mifericordiam leget juftitiæ
poffunt cœnobia quas funt chronologum nequi-
tiam cunctandus languefecit rigens hominem &
munificentiarum Anchifes fuerint licentias in hæc
voluntas & chorum vitii celebrent legerim fanctius
exiftimant commune nonnumquam explorationem
fummum negotianti exaltans magnificum crimen
cunctandus anne linguans foierant.

Procedit chelidoniæ illa vicia que politicæ chrif-
tianum eft quoniam deprimeret triftitiæ induxe-
runt cœlicolis quot chriftinam cunctantis fanguis
fcientiam avaritiarum potens nationem feles pof-
fint reverentias fons obfequuntur choræ folatii
refpondent filius amputarunt præftantius doceant
cœcitate patientiam nonnumquam & lumbum
hic negotianti tamen magnificat conantem nunc
annexus linguantis.

Fidei chiromantiis facillimum præstantia quæ ezechiæ taceret christianissimum & burgundiam elegantiæ deducunt quod cœliferarum chrombum pœnitentiam cunctulo sanguinis cupiens invidiarum æmulationem miles consignaverint conscientias pous hœc nunquam choris silentii possent est sœculum potentias parant omnium mensserunt patientes nonnulli clamans plumbum négotiarium dedignatur cognomen cunctantis & annona linguantem.

Accœperant chorda millibus pugnantia aliquem elisæum chrsma est tœdam digereret gratiæ violarunt cœnaculis aliquot christianissimum sapientiam tunc sanguinum & videns abundantiarum fundetorum deœs audiverint nuptias in eundum chorda pretii superent diligerim propitius huc cum laborent emue patientem non quoties lacrimans expugnabant carmen tunc annotat linguantes fleverunt.

Itaque chromatis illud lactantia qui ignorantiæ christina & etiam ambularet impudentiæ pereunt aliquod chronicam sententiam cunctatus linguatens hac ridens indulgentiarum generationem leges consonuerint imperantium mens eundem chordam exitii dissimulent abjecerim sapientius omnipotens notant patiendi non etiam hæc meum totics magnificentia fœdarunt est rigans agmen cunctatio annua linguantibus.

Quotidie chorus illam patientia quisque tractandæ chrismatis est pristinam imprimeret malitiæ responderunt cœnationibus quondam chriæ solertiis cunctantur languide cadens opulentiarum eun-

dem dulces laboraverint laudantium fons & ſta-
biliuntur charus flagitii relinquent exploraverim
cum latius exarant eſt omnipotentis patiens non
idem poſſunt noſtrum quoties flagrans pugnavit
certamen hunc annulus lingua.

Etiam chalcedoniarum tigillum conſtantia quem-
que ſcholæ chriſmatæ & prædam incumberet ſo-
lertiæ præcellunt chriſte fœdifragus quouſque ſtul-
titiis cunctatione langulas hic metuens blanditias
ſanitatem locupletes fundarint eſt gentium in fa-
cundos charitas latii abſtergerent trucidaverim
oratio cum diſſimulant omnipotenti patientium
non ultra ſudaverunt tuum durities ambulans re-
gnare flumen cunctatus annum ſtricte linguarium
incumberet.

Deditas calchanti illum pœnitentia antiquitatis
& æmulatur chriſma nunquam ſumerent ſtultitiæ
expectabunt mœſtitia quotuplex eſt chriſmatum
lætitiis nunc languefactus ſapiens clementias veri-
tatem cineres audierint pudentium frons ſecun-
dum charitates negotii emollirent poſſim hoc
æmulationes exaltant omnipotentium patienti &
exaltaverunt non alter veſtrum toties explorans
regnis ligamen nunc anne linguace.

Alieno chriſmatis pupillos peritia inquinare
athenæa & chriſtum namque huc condiret ſcien-
tiæ defecerunt mœnium quotieſcunque chriſoſto-
mo innocentiis hanc eſt guſtu ducens ſentias ma-
trem habes venerint nocentium fons undique
charitatibus otii exhalarent fuerim emptione tru-
cidant omnis nonibi patientis ſuum poſtularunt

quoties follicitans dignum limen cumulantur annos linguax.

Neceffitates chamæleon illuc impudentia inquietus cœteris eft chronologia fummam cubaret prudentiæ dixerunt pœnalis quotidie chrifticolos vigilentiis tunc & langues molliens quem eloquentias familiares legerint rebellantium in unde charitates fpatii fuiffent potuerim nationum hac legerant omnipotentibus negotians tulerunt nonnihil tantum durities luftrans indignos gramen tunc annotantes linguaces.

Reipublicæ charitas capillis pueritia requiem & ædes chrifte feram fubjiceret innocentiæ fluunt pœnitens aliquam chromis arrogantiis nunc fingulæ hæc blandens potentias precem virgines fint ingentium frons euntes palatii effent eft crederim cognationibus duxerant charitatum negotiantis huc non ita mecum adduxerunt toties levans eft pugna amen hunc armatis linguas.

TABLE DES ABRÉVIATIONS

Ufitées tant dans le Latin que dans le François, & fur-tout dans la Gazette, rangées felon l'ordre Alphabétique.

J. C. Jéfus-Chrift.
L. M. Leurs Majeftés, en parlant du Roi & de la Reine.
L. H. P. Leurs Hautes-Puiffances, en parlant de la Hollande, que l'on appelle encore les Etat-Généraux.
Mgr. Monfeigneur.
M^r. Monfieur.
M^e. Maître.
M^re. Meffire.
Mme. Madame.
Mlle. Mademoifelle.
M. D. Notre Dame, c'eft-à-dire, la fainte Vierge.
N. S. J. C. Notre Seigneur Jefus-Chrift.
Le P. R. Le Prince Royal. C'eft ainfi qu'on appelle le fils aîné du Roi de Pologne & du Roi de Pruffe.
La R. P. R. La religion prétendue réformée.
S. A. Son Alteffe. Qualité qu'on donne aux Princes & Princeffes.
S. A. E. Son Alteffe Electorale. Titre qu'on donne aux Princes électeurs de l'Empire.
S. A. R. Son Alteffe Royale. Titre qu'on donne aux Electeurs qui font Rois, quand on ne les confidére que comme Electeurs, & aux Princes & Princeffes du Sang.
S. A. S. Son Alteffe Sérénifíme.
S. E^m. Son Éminence.. Qualité d'un Cardinal.
S. Ex. Son Excellence. Titre qu'on donne aux Ambaffadeurs & aux Maréchaux de France.
S. G. Sa Grandeur. Titre d'un Evêque & d'un Archevêque.

S. H. Sa Hautesse, l'Empereur des Turcs.
S. M. Sa Majesté ou le Roi.
S. M. Brit. Sa Majesté Britanique, le Roi d'Angleterre.
S. M. C. Sa Majesté Catholique, le Roi d'Espagne.
S. M. T. C. Sa Majesté Très-Chrétienne, le Roi de France.
S. M. Dan. Sa Majesté Danoise, le Roi de Dannemack.
S. M. Imp. Sa Majesté Impériale, l'Empereur
S. M. Nap. Sa Majesté Napolitaine, le Roi de Naples.
S. M. Pol. Sa Majesté Polonoise, le Roi de Pologne.
S. M. Port. Sa Majesté Portugaise, le Roi de Portugal.
S. M. Suéd. Sa Majesté Suédoise, le Roi de Suéde.
S. S. Sa Sainteté, ou le Pape.
Ant. Antienne.
Ibid. Ibidem, ou le même.
Pf. Pseaume.
℣. Verset.
℟. Répond.

Abréviations Latines.

Ant. Antiphona.
D. O. M. Deo optimo maximo.
Ibid. Ibidem.
N^a. Nota.
N. B. Nota bene.
P. C. Patres conscripti.
P. S. Post scriptum.
Pf. Psalmus.
R. P. Res publica.
S. P. Q. R. Senatus populusque Romanus.
V. G. Verbi gratiá.
℣. Versus.
&c. Et cætera.

Autre Table pour apprendre à connoître les Chiffres Arabes & Romains.

un	1	I.
deux	2	II.
trois	3	III.
quatre	4	IV.
cinq	5	V.
six	6	VI.
sept	7	VII.
huit	8	VIII.
neuf	9	IX.
dix	10	X.
onze	11	XI.
douze	12	XII.
treize	13	XIII.
quatorze	14	XIV.
quinze	15	XV.
seize	16	XVI.
dix-sept	17	XVII.
dix-huit	18	XVIII.
dix-neuf	19	XIX.
vingt	20	XX.
vingt-un	21	XXI.
vingt-deux	22	XXII.
vingt-trois	23	XXIII.
vingt-quatre	24	XXIV.
vingt-cinq	25	XXV.
vingt-six	26	XXVI.
vingt sept	27	XXVII.
vingt-huit	28	XXVIII.
vingt-neuf	29	XXIX.
trente	30	XXX.
trente-un	31	XXXI.
trente-deux	32	XXXII.
trente-trois	33	XXXIII.
trente-quatre	34	XXXIV.

trente-cinq

	Arabes.	Romains.
trente-cinq	35	XXXV.
trente-six	36	XXXVI.
trente-sept	37	XXXVII.
trente-huit	38	XXXVIII.
trente-neuf	39	XXXIX.
quarante	40	XXXX ou XL.
quarante-un	41	XLI.
quarante-deux	42	XLII.
quarante-trois	43	XLIII.
quarante-quatre	44	XLIV.
quarante-cinq	45	XLV.
quarante-six	46	XLVI.
quarante-fept	47	XLVII.
quarante-huit	48	XLVIII.
quarante-neuf	49	XLIX.
cinquante	50	L.
cinquante-un	51	LI.
cinquante-deux	52	LII.
cinquante-trois	53	LIII.
cinquante-quatre	54	LIV.
cinquante-cinq	55	LV.
cinquante-six	56	LVI.
cinquante-fept	57	LVII.
cinquante-huit	58	LVIII.
cinquante-neuf	59	LIX.
foixante	60	LX.
foixante-un	61	LXI.
foixante-deux	62	LXII.
foixante-trois	63	LXIII.
foixante-quatre	64	LXIV.
foixante-cinq	65	LXV.
foixante-six	66	LXVI.
foixante-fept	67	LXVII.
foixante-huit	68	LXVIII.
foixante-neuf	69	LXIX.
foixante dix	70	LXX.
foixante-onze	71	LXXI.
foixante-douze	72	LXXII.
foixante-treize	73	LXXIII.

	Arabes.	Romains.
ſoixante-quatorze	74	LXXIV.
ſoixante quinze	75	LXXV.
ſoixante-ſeize	76	LXXVI.
ſoixante-dix-ſept	77	LXXVII.
ſoixante-dix-huit.	78	LXXVIII.
ſoixante-dix-neuf.	79	LXXIX.
quatre-vingt	80	LXXX.
quatre-vingt-un	81	LXXXI.
quatre-vingt-deux	82	LXXXII.
quatre-vingt-trois	83	LXXXIII.
quatre vingt-quatre	84	LXXXIV.
quatre-vingt-cinq	85	LXXXV.
quatre vingt-ſix	86	LXXXVI.
quatre-vingt-ſept	87	LXXXVII.
quatre-vingt huit	88	LXXXVIII.
quatre-vingt-neuf	89	LXXXIX.
quatre-vingt dix	90	XC.
quatre-vingt-onze	91	XCI.
quatre-vingt-douze	92	XCII.
quatre-vingt-treize	93	XCIII.
quatre-vingt-quatorze	94	XCIV.
quatre-vingt quinze	95	XCV.
quatre-vingt-ſeize	96	XCVI.
quatre-vingt-dix-ſept	97	XCVII.
quatre-vingt-dix-huit	98	XCVIII.
quatre-vingt dix-neuf	99	XCIX.
cent	100	C.
deux cents	200	CC.
trois cents	300	CCC.
quatre cents	400	CCCC.
cinq cents	500	D.
ſix cents	600	DC,
ſept cents	700	DCC.
huit cents	800	DCCC.
neuf cents	900	DCCCC.
mille	1000	M.
&c,	&c.	&c,

F I N.